中共陕西省委当代陕西杂志社支持项目

左京
著

我们的村

陕西新华出版传媒集团
陕 西 人 民 出 版 社

图书在版编目（CIP）数据

我们的村 / 左京著 . -- 西安：陕西人民出版社，2020.6

ISBN 978-7-224-13592-3

Ⅰ.①我… Ⅱ.①左… Ⅲ.①纪实文学—中国—当代 Ⅳ.① I25

中国版本图书馆 CIP 数据核字（2020）第 066690 号

特邀编辑：杨乾坤
责任编辑：张孔明　左　文
整体设计：开　朗

我们的村

作　　者 左　京
出版发行 陕西新华出版传媒集团　陕西人民出版社
（西安北大街 147 号　邮编：710003）
印　　刷 中煤地西安地图制印有限公司
开　　本 880 毫米 ×1230 毫米　1/32
印　　张 7
字　　数 110 千字
版　　次 2020 年 6 月第 1 版
印　　次 2020 年 6 月第 1 次印刷
书　　号 ISBN 978-7-224-13592-3
定　　价 55.00 元

这是一个普通村庄的故事

是对她亲近的、温情的、不加掩饰的记录

“根”的随想（代序）

薛保勤

这本《我们的村》，是一部散发着泥土芬芳的长篇非虚构作品。作者聚焦关中农村一个普通得不能再普通的村庄——蒲城县重泉村，历时78天，与农民同吃、同住、同喜、同乐、同甘共苦，观察、感受、体味、咀嚼，用“情”审视，用“心”研究，用自己的笔为我们呈现了这份别具特色的报告。报告涉及乡村政治、经济、社会、文化、教育，涉及农民的喜与忧、苦与乐……犹如一幅当下关中农村脱贫攻坚的“风景照”、乡村振兴的“风俗画”。

它朴素但却真实，它轻快但却厚重；语言尽管不如经典文学作品华丽，但却亲切；情节没有时下的神剧那么曲折，却是来自生活一线的用心之作。它是原汁原味的、不加掩饰的、耐人寻味的、发人深省的，因而显得难能可贵。我以为正是由于普通的非典型农村的“真实”，使得这份报告具有了非同寻常的意义。

中国是一个传统的农业大国，直到改革开放前仍然有十亿人口、八亿农民。对于中国的大多数“城里人”而言，上溯两代至三代都是农村人。农村不仅是一个地理存在，更是一种难以割舍的精神渊源。农村就是中国人的根。大约正是这种根的情结，根的记挂，与根相关的乡愁，有意无意地提醒我们：勿忘农村！

清醒的认知是勿忘的前提，美好乡村应该是勿忘的目标。改革开放40多年，中国走上了以信息化、工业化为标志的现代化，同时数亿农村人走进了城市。农业不再是中国生存的最重要的经济支柱，传统农村也正在衰落。一个残酷的现实摆在我们面前，传统的农村和现代化的城市出现了撕裂。许多走进城市的乡里人，成为城市里找不着根的精神流浪者。城市的快速繁荣与农村的长期滞后，形成鲜明的对比。如何消解这种裂痕，使农村快速实现自身变革，脱胎换骨走上现代化，实现城乡走向相互适应、相互配套一体化发展的新型路径就显得格外重要。这是时代的要求，也是农村重新焕发生机实现小康的内在要求。今天的农村到底怎么样？产业在升级，如何升级？农民在变化，如何变化？乡村在振兴，如何振兴？《我们的村》让我们看到了它的奋争与奋发、艰难与希望、温暖与关爱、变化与前景、问题与隐忧。

从书里我们看到了一个个鲜活的振兴乡村的带头人。以驻村第一书记李鹏、村党支部书记孙满仓、村治保主任张三明为代表的乡亲们，在自己最基层的岗位上尽职尽责。在脱贫攻坚奔小康的进程中，他们虽然没有惊天地，有时甚至琐碎、枯燥、无趣，但却急乡村发展之所急，想农民致富之所想，坚强、真诚、执着，令人不能不肃然起敬。

从书里我们看到了艰难与希望。发展缺资金、缺人才、缺技术、缺管理。面对资金的艰难，村里协调县上有关部门，为村里修了发展急需的产业路，建起了54个棚，配套了机井、管理房。面对人才的奇缺，村委会就地找能人、培养人，就有了孙存良、孙兴铁、梁振民“三剑客”，又有了懂管理的张三明、孙立学等，还“培养”出了自己的植保专技人员。同时，开阔思路请县上“农技110”的人来测土，请省上部门和专家学者“会诊”。艰难，在这里变成发展的台阶。

从书里我们看到了创业者的奋争与奋发。产业园是重泉村发展村集体经济的重要抓手，村干部倾注全部心血，从不图表面光堂、因地制宜选址，到建成当地领先的温冷两用棚，再到种植、收获、销售等各环节，聚精会神、殚精竭虑。书的开篇兴顺老汉病死在产业园，没有写如何处理复杂的后事，但却隐含着产业园发展的坎坷与艰辛。他们没有气馁，咬紧牙关跨过这一道道坎。他们的理想是朴素的，目标是具体的、细碎的，努力和付出是真诚的。就像孙满仓说的，“看着它从一片光地，到有了胳膊腿、鼻子眼窝，这就跟自己的娃生出来了一样”。

从书里我们看到了与时俱进与生生不息。书中有一节很吸引人：梁小利在抖音上与网友“干仗”斗法，与村民拍抖音视频“首届重泉村吃西瓜大赛”宣传重泉西瓜。网络销售、抖音宣传都是近几年才兴起的新事物，按照以往，这些新事物从城市传播到农村、从农民生活应用到农村生产需要很长时间，但重泉村人不仅在用，而且开始注册商标、开淘宝店、微信销售、自己建网站、照着脚本拍抖音，他们捕捉新契机，走到了时代的前沿。

从书里我们看到了温暖与关爱。这本书不是歌功颂德的报告，但我们都从中看到了功和德，看到了温暖与关爱。这温暖是国家的温暖，关爱是组织的关爱。村干部们把实实在在给村上办些事作为目标。同时，省市县乡村五级联动把脱贫攻坚作为重中之重，各级各部门齐心协力聚焦扶贫，陕西网帮助建网站搞新媒体扶贫，省农业农村厅组织电商团来采购，等等。这些举措，让重泉村的发展如虎添翼。

从书里我们看到了重泉村令人欣喜的变化。2016年建档立卡时贫困户和贫困人口分别有63户236人，现在只剩下3户4人。光棍伟伟外出打工领回了慧子结婚生娃，早早地摘了贫困户的帽子。正如作者所言，有了媳妇和娃就有了脱贫的动力。村里的产业园从无到有、由小到大，大棚的西瓜正在茁壮成长。乱搭乱建两个月全部解决，房前屋后干干净净，村容村貌大为改观。变化是细小的，但却可喜。

从书里我们看到了乡村治理的问题与隐忧。发展常常与问题并存。教育硬件的提升与隐患、留守儿童的感情缺失、离独子女的心理矫正，瓜农的风湿病、颈椎病的得病率几乎是百分之百，如何让瓜农走出“前半辈子挣钱，后半辈子看病”的怪圈，摆脱因病致贫的困扰？如何让老百姓病有所医，能看得起病，农村的社会保障体系如何完善？还有产业发展中常常出现的违约现象，如何防范与治理？等等，都是需要面对的问题。乡村治理靠简单的行政命令不行，靠一般的号召也不行，纯粹拿法律说事也不行，自治、法治、德治如何有效结合而形成合力？新时代的乡村治理现代化是一门大学问，才刚刚破题。

“小康不小康，关键看老乡。”农村的现代化是中国的现代化题中应有之义，农村的现代化是中国全面现代化的重要标志。由于农村改革的相对滞后，中国的城乡差距仍然在拉大。中央及时提出实施乡村振兴战略，打好精准扶贫脱贫攻坚战，其目的就是为了加快农村现代化的步伐。这是一项庞大的系统工程，需要农村方方面面共同努力和创新，应该说这也是中国乡村改革以来的“二次变革”。我们任重而道远！

20世纪70年代，我曾在陕北毛乌素沙漠南缘的一个小村子插队，对农村曾经食不果腹的日子有过切肤之痛，对农村有着特殊的记挂。以上是看了《我们的村》之后，由“根”引发的几点感想。

目录

第一部

1

“产业园出大事了！”

一大早见面，满仓来了这么一句，着实把人吓了一大跳。

满仓50出头，小名满满，大队会计出身。如今，他总共有三个头衔：蒲城县龙池镇重泉村党支部书记、村委会主任，还是村股份经济合作社的法定代表人。

平常，他热闹得很，跟一群伙计谝起来，眼睛、声音加手势，像是马上就要起范儿唱秦腔。

村里开会弄啥的，他肯定要把那件白领蓝格子衬衫穿上，那是他媳妇明芳给他买的。

要说这村里男女老少都喜欢他，一点儿也不夸张。他家里开个小卖部，碎娃们哭了就鼓劲摇他婆的手，

“我要满满，我要满满，满满是个糖。”

但他今儿个蔫不拉几，全无平时的神气。

“咋咧，是设施还是技术上出啥问题了？”

“不是……看门的兴顺老汉昨晚上死在产业园了，心肌梗死。”满仓把头拍得啪啪响。

原来是这。

如果查明人确实是因突发疾病意外死亡，要不要赔偿、赔多少钱，按《合同法》的规定办就行。

但这种事搁在农村，绝不是拿法律条文说话那么简单。

先是兴顺老汉的儿子不同意赔偿数额，事说不下去。再是金柱老汉到村委会来，说兴顺老汉为集体的事做了贡献，死在岗位上，闹着要给开追悼会。

还有好多村民聚在一块议论：“你看兴顺多灵，白天给他儿子舍命干，晚上跑到产业园一死，还能讹大队几万块钱，值当。”

满仓现在头像斗大，哪有工夫理会这些闲言闲语，先让人入土再说。

他请老支书郝拴潮去说事。说过来说过去，最终把埋葬费谈到3万块钱。满仓出门把钱凑齐，叫人赶紧送到兴顺老汉他儿手里。这才坐在皮椅子上，长长地出了一口气：

这些年光讲“分”的事，谁还记得啥子叫集体。但是一有事，凡是沾上村集体的，就要狮子大开口。你不给，他就不停地闹腾。

这回兴顺老了，家人开口没大小，五万八万的要。好像大队有多少油水，叫他先捞些。

其实这些年，村里的收入太单一，不过就是包出去的那些机动地。现在好不容易有了产业园，但才起头，光见出没见进么。

满仓说着这些话，脸上的表情才慢慢松了。话说得伤感，但其实他骨子里并不是个悲观的人。

他儿子乐乐小时候跑丢了，在大荔河滩上叫人扣下放了几个月羊。他多少天不眠不休，拉着媳妇的手说，一定能寻见。

现在乐乐大了，智力不行，但满仓并未因此在外头露过愁眉，从来都是风风火火。

看乐乐有一把好力气，满仓就让他到产业园去干活。乐乐干不了细活巧活，但他专注，拔草比别人拔得干净。

2

说起这产业园，满仓跟产业园“三剑客”（管理人）孙存良、孙兴铁、梁振民的心思全在这儿。

这一块，先前是县上设在重泉的科研站，现在也是村子最偏远的地方，没有住户。

1976年到1982年，曾经从8个小队抽了8个人，在这里搞了一阵子小麦、玉米育种，但科研的结果用满仓的话来说是“没有弄下逑子溜溜”。

这也是重泉村仅有的一点儿集体土地。

重泉所在的龙池镇做过统计，包产到户以后，很多村的地分得几乎没剩下啥。就是剩下的那一点点，也大多签了长期租赁合同，地一时半会儿收不回来，钱却常常被欠着。

前年，蒲城县发动全县发展村级集体经济——村村要建“党支部+”产业园。这是好事，能够壮大集体经济，解决空壳村问题。但产业园往哪达建，各村比较头疼。

有人就想了个简便方法：棚往公路两边的地里修，

这样领导参观起来方便，建好后出租出去能收租金不说，给贫困户分红的任务也能轻轻松松完成。

“你就说这是集体经营的，谁还真的去追究呀？”

刚开始，重泉也跟风。第一个产业园，27个无支柱钢架大棚就建在村头，很显眼。但要依样建第二个产业园的时候，驻村的第一书记李鹏却站出来反对。理由说了一长串：

老科研站那42亩集体土地，常年种的都是苞谷、麦，土质好、肥力足、病害小，这是多好的资源？

有领导嫌这儿偏，路窄，不好寻。叫我说，要还是做样子把园区建到路边上，包出去，集体又实现不了自主经营，这事我们不能搞，这跟壮大集体经济的初衷不一样！

咱瓜区，人把地看得比金子都贵重。建头一个园区，都是各家各户的碎块块。调整地时，东西向要变南北向，你可多了一分，他又少了几丈，闹得不可开交，各种矛盾都挑起来了。

棚好不容易建成了，瓜农不跟着村里的想法来。这么好的设施，咱就是想发展些新甜瓜品种，搞订单农业。但农民对新事物不容易接受，怕赔钱。有些人在这棚里，照旧种的是爬蔓西瓜。

要是村上自主经营，抗风险能力强，就敢大胆尝试，为发展科技含量更高的现代设施农业蹚蹚路么。

李鹏在重泉村已经待了两年多，小伙子一心扑在这里，给村上办了不少事，所以他说的话村干部听进去了。

满仓召集“两委”开会，最终拍板：产业园就建在老科研站，路远就远，咱不图表面光堂。

3

今年春上，棚体交工稍微迟了些。但重泉村的村支书孙满仓、治保主任张三明、会计孙德明、妇联主席冯爱玲、出纳孙玉潮，加上李鹏，早就心热得不行。

这可是全村人的产业园呀！“看着它从一片光地，到有了胳膊腿、鼻子眼窝，”满仓说，“这就跟自己的娃生出来了一样么。”

在瓜区，人们把瓜叫作“瓜娃”，心疼得就像是自家生的一个娃。

据满仓说，10年前，他最大的心愿，第一个是把巷道都用水泥打了；第二个是把地里的竹竿拱棚换成钢筋棚。“你看，没用下10年，这两件事都实现了。这速度，不敢想。”

说起来，重泉最早种瓜的时候，用的是二拱棚。棚体只有那一丁点高，人钻不进去，但一亩地的瓜能卖几千块，这在当年简直就是天文数字。

后来，发展成4米棚，用指头粗的竹竿。关中道上，春季风大，竹竿不耐吹，容易倒。前几年国家给补助，让换成钢筋。但瓜农既想得补贴，还想少花钱，就在钢筋中间加竹竿。政府来验收，发现，咦，这样也牢固。

现在再看，5米的，8米的，遍地都是钢筋拱棚。棚型不断革命，说明这个产业能行。没有效益，谁愿意在这事上花钱嘛。

满仓说：“咱产业园更打眼。一搾搾温冷两用棚（日光温室），比无支柱钢架大棚还高档。棚顶加盖棉被，通风、渗水半自动化控制，把一圈圈的棚都比下去了。”

“有人说，设施农业搞乱四季；也有人说，设施农业丰富四季。咱也下不了判断。但这儿的资源禀赋就是这。只要产业有前景，村上就有责任搞好示范。再说只有给大集体积累些资本，才有钱给村民办事么。”

大棚刚建好，瓜苗子还没拉回来，满仓就早早给产业园物色下三个管事的，也就是前面说的“三剑客”。

他们仨既是关系对劲的伙计，也是村里技术最好的“瓜把式”。

去年10月，满仓到孙存良门上问他：“明年建一个园区，参与一下能行不？想确定几个人哩。”

存良早就留意着这事，也有这想法。但他知道这园区不同于一家一户，面积大，风险大，就不敢应声。

而且，村里人都在看，说是“看科研站种啥，要是赚钱了，明年就跟着种啥”。

这叫人平添了不少压力。“要是搞日塌了，可是把全村耽搁了，这以后咋有脸在人面前说话？”

但看到满仓都跑了好几回，心诚，再不答应面子也搁不住，存良就应承下来。

他们几个比对了很多次，最后选了金香玉、玛德麟、西州蜜、羊角脆、吊篮西瓜这五个品种。“头一年先试火一下。”存良说。

跟村里现在种的爬蔓瓜不同，这几样里头吊蔓多，苗子能多栽一倍，一亩地种800到2000株，产量高，但缺点是活路多。

整地、拉毛管、铺膜、栽瓜、通风、吊绳子、打芽子、缠蔓、授粉……样样费人费时，最多的时候，产业园一天得雇十四五个人。

存良他们很有经验。他说：“种啥都分三六九等，把作物的脾性一定要掌握好。”比如通风管理，就是很重要的技术。

以西瓜为例，长到六七个叶子的时候，要有一次大通风，降低棚内温度，促进雌花分化、孕育。这直接关系到西瓜最终能不能坐在理想的节位上。

前一向，他们请县上“农技110”的人来，专门测了一下土。技术员建议冲些含氮磷钾的肥。再就是要提早防病，等治开病就迟了。

存良挠着头。“现在地里劳动轻一点，但是脑子重了，一天要想的事多太。”

操持这个产业园，操的心多但收入并不高。满仓跟存良他们商量过，三个人，一人一年2万块钱工资，外搭媳妇在园区务工，一天100元。而他家12亩地，去年春秋两料收入，瓜11万，秋延辣子8万。

“这不是工资多少的事。”存良说。

另一个“剑客”梁振民，儿子前两年刚接下村卫生室，孙子也有了，用农村人的话说，该完成的任务都完成了。所以，他当初也不想掺和进产业园。

但经不住满仓请他喝了一顿酒。“你现在倒有啥负担哩么？这两万块钱，是按产业园收入估算的。以后效益好了，再涨么。”

4

要说这重泉一带可是蒲城县的老瓜区，从20世纪90年代就有人开始务大棚瓜。周围几个村子曾经为谁是起源地争论过，最终没个结果。

重泉人说，管他呢，反正我村的梁建成1991年就开始务二拱棚了，不是第一也是第二。而且我重泉还是老县城哩，老先人手里有过两个金斗，这些，你谁有？

重泉人的“优越感”，不是没有由来的。据《蒲城县志》（1993年版）记载，蒲城于战国秦孝公十二年（前350）始设县治，名“重泉”，故址在今钤铒乡政府驻地附近，乡政府西南至今有重泉村，传说因其地原有二泉，高低有别，上下相重，故名。现钤铒乡已撤，归龙池镇管辖。

孙家77岁的金柱老汉，外号“叮叮当当”，一说到村里的文化呀啥的，他就激动，一激动嗓音就高八度。

其实老汉有个成器的儿，在南方把事干得很大。他本可以天天坐个摇椅摸麻将就好了，可就按捺不住心里的热火劲，还爱说点“闲话”，管个“闲事”。

但金柱老汉找到了“两个金斗”的正解，却绝不是个闲事。

这是在蒲城当地一个文化人出的一本书里找到的。这金斗官名叫“商鞅方升”，是当年商鞅变法留下的重要青铜器具之一。

战国商鞅方升，全长18.7厘米，实测内口长12.4774厘米，宽6.972 厘米，深2.323厘米，计算容积为 202.15立方厘米。

左壁刻：“十八年，齐（率）卿大夫众来聘，冬十二月乙酉，大良造鞅，爰积十六尊（寸）五分尊（寸）壹为升”。与柄相对的一端刻“重泉”二字，与左壁铭文字体一致。

底部加刻秦始皇二十六年 （公元前221）诏书：“二六年，皇帝尽并兼天下诸侯，黔首大安，立号为皇帝，乃诏丞相状、绾，法度量则不壹歉疑者，皆明壹之。”

“一个遗（丢）了，另一个就在上海博物馆哩。”金柱老汉说。嚯，可了不得，这方升还上过央视《国家宝藏》专题节目！

这事在重泉引起了不小的轰动。准确地说，是在村干部中引起的反响能大些。

“商鞅方升，藏着大秦帝国崛起的秘密。”三明还真上心想了一番，他是村上的治保主任。

这是他用手机在网上查到的：从秦孝公变法时商鞅统一秦国度量衡到秦始皇统一六国，“商鞅方升”前后经历了120多年的实际使用时间。它是天下尽用秦制最有力的物证，对于加强秦国内部联系，推动经济文化发展，加快秦国强盛步伐发挥了很大作用，更为此后秦始皇统一全国度量衡奠定了基础。

三明黑了睡到那儿拿手机看视频，把这些话在脑子过了好几遍。其实他也不能全弄明白这说了个啥，但就觉着浑身来了一股子劲。

可不是咋的！重泉处在八百里米粮川上，听村里的老人说，重泉打的粮食比其他地方的分量都重。“怪道说商鞅要在重泉造方升哩，这些年啥粮食新品种试验推广不在这儿搞？”

重泉这地方怪得很，土壤黏性高、下渗慢，保水、保肥能力强，但通透性不好。

前多年，苹果、梨、枣，啥都没有弄成器，还种了一年甜菜，个子长得大很，就是不打糖，闹了笑话。

可这儿出的西瓜，那可是在全国市场都能挂上号的。要不然那些大客商为啥每年要跑几千公里，到重泉来拉瓜？

就说，能不能把我重泉的“金斗”要回来？不行不行，这不是胡想哩么，文物是国家的，放到哪达那是国家定哩。

三明想，“那，能不能复制一个么？放到村委会，叫娃娃们都知道，重泉还有这光荣历史哩！”

5

重泉这些古经，听起来很风光，瓜区的发展，也很让外村人眼气。

这些年，蒲城县东南龙池、龙阳几个乡镇，掀起一场“白色革命”——务瓜的白色塑料大棚长得比瓜蔓蔓快，这一带的瓜农也比周围富足。

但多少人能知道，他们也是城里人同情的对象，这些人是拿命在换钱——“前半辈子挣钱，后半辈子看病”。“你站在县城红旗路上看，那框框腿、走路脚拉不前去的，十个有八个肯定是龙池龙阳的。”

这种瓜，苦！

由于长期在高温潮湿的环境下超负荷劳动，瓜农风湿病、颈椎病的得病率几乎是百分之百。

更有甚者，动手术换了膝盖，还继续跪着、趴着在地里干。

“瓜活路多。一个棚600窝，一窝瓜四个蔓，一个蔓30个芽子，光芽子就得打120个。芽子又不是一齐长哩，它不停地长，你就得不停地打。授粉、渗水、择瓜……从瓜栽到地里到装上车，谁还歇过一天？人伤了有医院，瓜耽搁了可就完了。”

“就这，年年年年，十个人里面，三个人赚钱，三个人持平，四个人赔钱。技术、产量、上市时间，各种因素影响。20年前，有人种瓜赔了喝农药、上吊，有人坐到地里头哭。”

“村上80%的人有贷款，把投资一刨，能挣几个钱，天决定。”

——这些都是瓜农们自己说给自己听的，外人很少知道，也不一定关心。

6

村里头的事一个接一个，满仓快忙疯了。

先是存良最近天天跑来寻他。他在村委会就跟到村委会，他在屋就到屋。每回来，都黑着个脸，像谁欠了他几万块钱。

存良是1960年出生的人。据他说，是因为当时没粮食吃，所以起名“存良”。

他现在是“三剑客”的头家，产业园实际上的负责人。他还是村上互助资金协会的会计，拿着财权，替全村人存“粮食”。

存良和满仓，到底都谈了些啥？除了他俩，没人知道得那么详细。每次他一出现，满仓脸色就不太自然，讳莫如深。李鹏、三明、德明他们几个看见这样子，都识趣地走开了。

只有一次，存良掀了门帘进来，一屁股坐在凉椅上就说："咋样作务，你让振民一个人管算了。他两个人意见不一样，一个要朝东，一个要向西，这活还咋干哩么？把我一天夹到中间，难死了！"

场面稍微有点尴尬。可能是意识到，其他人听了不该听到的话，他俩几乎同时说："都是技术之争，没啥哈。"

没有人去刨根问底。因为大家心里都跟明镜一样：这段时间，满仓在顶着多大的压力干事！

别的不说，最眼巴前的事，产业园里的吊篮西瓜熟了，第一茬香菇也开始出菇。这香菇出开了可不由人，每天都得摘，摘了就要赶紧卖。

一说起香菇，驻村第一书记李鹏就有气。这是镇上"联合党委+"的项目，一个河南人中了标。金星、平头、铃铒，总共六个村有香菇，金星最多。重泉弄了一棚。

当时装菌棒，河南人用的是咱的场地，一分钱水电费没掏。那阵子哄咱说，菌棒能给优惠，出的菇保证回收。

最后一毛钱没见便宜，产下菇也不管收。你算一下，4万块钱菌棒，1万块钱棚体改造，铺砖、遮阴网，花了一摊摊。再加上采摘，一天两晌，五个人500块钱。

咱头一茬残次品多，拉到市场上，1000斤才能卖4000块。三年一均衡，还不如种瓜。

那天晚上，我在村里采访得晚了，就住在满仓家。

听他媳妇明芳说，满仓后晌拉着几十筐香菇，和会计德明到县上体育场（蒲城县一个很有名的农贸市场）寻人批发去了。

一直到晚上10点多，他才进家门。洗完澡出来，他给治保主任三明打电话："你明早忙不？跟我到大荔卖香菇走，我路不太熟，怕耽误时间……行，6点。"

我早上一睁眼，7点多了。明芳给我铲了热甑糕，我俩一边吃，她一边说："我掌柜的（夫妻双方在外人面前互称）一天像贼杀哩。"

这句话说得还真是形象。

最近，满仓的一天是这样的：半早上，开着他的破昌河车，风驰电掣般跑到龙池镇上买箱子。中午，叫上人卸吊篮西瓜。李鹏喊叫说车里头塞不下，他三锤两棒子把后座拆了。

车一装满，哐里哐当开上，往县城人民路上他同学的水果摊送。人家刚给他结了账，他又窝回来拉香菇。

可不就像背后有人撵他哩么？

7

我约莫有两天没有见着满仓。有一天，都后晌5点多了，我和他遇上。他问我吃了没，我说没有，他才想起自己也没吃。

“赶紧走，我把你拉下吃饭走。”关中地区农村，从祖辈传下来的作息习惯，一天两顿饭，早上九十点一次，下午两三点一次。晚上要是吃，不叫吃饭，叫喝汤。

我们坐在村头的小面馆，要了几两饺子，满仓给他开了一瓶冰镇啤酒。满仓不抽烟，但嗜酒。

这一块，原来是一组村头头一点庄子。后来人口增加，又有一条通村柏油路走这儿过，所以朝前朝后续了好多住宅和门面房。

以甲斗渠为界，跟村里头刚开始划分庄基不同，桥南这块是商品庄基（这也成为村上曾经的一笔收入）。但地方向阳、临公路，能做生意，一到四组，都有人愿意出钱买。所以就自然形成一个街道，颇有点“新村”的感觉。

这几家饭馆以面食为主，生意还不错。瓜农忙，顾不上回家做饭，也不缺那几个钱，几块钱来咥一碗面，嚼上几头蒜，舒舒服服的。

“香菇暂时存到金星的冷库了，吊篮西瓜也快销完了。”

满仓语调挺轻松。但从他每喝完一口酒，那不为人察觉的叹息中，我感觉他有别的话说。

果然，几杯啤酒下肚，他还是忍不住讲开了。

这哪达还有时间谋划工作么？香菇香菇卖不出去，园区那几个还闹意见，不太想干了。一天把我绑得死死的，离一步都不行。

发展集体经济，就头疼扎了，没有一个模式参考。说起来简单，但是干起来真难。

村干部一家种几十亩地，没时间专门在这儿管。寻人，给出多少钱合适？农业的收入有限，出得多了，收入只有这么多；出得少了，人家没积极性。

村里人对咱这事不感兴趣，觉着就是村“两委”的事，跟他关系不大。合作社让入股的时候，只有出纳玉潮一个人拿了2万块钱。

园区雇人做活，因为是给集体干哩，就有人混晌晌、窝工。到了点，多一分钟都不待。那再是给私人干，一个要当成两个用。

唉，我就想，要不要还继续坚持集体经营？咱镇上16个村，据咱了解的，可能再就是屈家，在集体经营着。他们是把棚全部让一个村干部经营，村上不管劳务费，收益按比例分。其他村，基本都包给私人了。

劳务费真的挨不起，一季度几万块。咱就这毛猴猴几个人，一天没黑没明地干，没少下苦。但把务工费一刨，再加上出下兴顺那事，能不能包住还两说哩。

我说，不行了，干脆咱也把园区包出去算了，收租金稳保不赔。

8

李鹏最担心的事，还是发生了。

这一老一少两个书记，搭档得久了，很多时候有“心灵感应”。李鹏知道，有不少人在劝满仓，把园区包出去洒脱些。尽管他心里一千一万个不愿意，但从未宣之于口。

作为下派的第一书记，在村上行事，李鹏很懂得拿捏分寸。一个是，村“两委”所有的干部，都比他年长，理应尊重。二一个是，他谨记第一书记的职责，该建议建议，该督导督导，该协助协助。

“组织派我们来，是帮助村上发展的，不是来制造矛盾的。要把村支书当核心，这样哪怕换再多的第一书记，村‘两委’班子是硬邦的。”

但这不代表李鹏不作为。我发现，他最近怪得很，老往三明家跑。

当时说让三个人一起管，我就有过担心，但不好说。现在矛盾出来了，也不能去怪谁，都想让园区好哩。只是管理上，咱还要摸索。

如果要寻人接手，三明绝对是管理者的最佳人选。种瓜技术过关，当过代办有人脉，水果市场消息灵通。他是村上的治保主任，为人又有公心，再合适不过。

我真的不想眼睁睁看着产业园被包出去。国家投资了那么多钱，村上费劲巴拉，把基础都弄得差不多了。不集体经营，对不起自己，也对不起国家给的投资。

我知道，书记哥压力确实大，我也一样。按照对产业园“以固定资产投资金额，来计算年度收益率”的考核办法，产业园只能盈不能亏，尤其是头一年，要是有半点闪失，对上交代不了，对下也交代不了。

——这些都是李鹏的心思，他私下跟我说的。

其实当初，满仓不是没考虑过三明。但去年给儿子结婚，三明塌了些账。他一口气包了30亩地，想今年打个翻身仗。要再叫他去抓产业园，满仓张不开这嘴。

可事到如今，火烧眉毛，李鹏不得不想办法说服三明，稳住满仓的心。

9

他这人贼得很，先从三明媳妇小利入手。

“干集体的事，容易尿不到一个壶里去。再把私人关系搞僵了，不值估。”一开始，小利不太接茬，“我娃最近还说哩，在铜川看下一个摊摊，叫我俩过去做鲜榨果汁的生意。”

但三明心软。李鹏跑了几回，他能看出来，这娃是真心想把集体的事弄成哩。他有些动摇。

说句结实话，农民干部凭的是庄稼，光靠一月发那几百块钱工资，还能养得起家？

那为啥咱村上这五个干部能这么心齐？不就是为了咱有集体这份事业哩么！胆敢说要是没有产业园，干部值班才来，不值班就不来，各顾各的事，心劲一下就松了。

那天我跟他们几个谝，我主张集体经营。以后国家的涉农政策越来越好了，好多投资项目，人家一看你是集体的，敢往里投钱。再说科研部门来了，想在这儿试种几棚，咱的事情咱说了算。

村上经营，不敢保证挣大钱，但是包出去，也就那一点承包费，花完啥都没有了。

这跟把机动地一把包出去有啥区别？这是走回头路么。上头来检查，还要日鬼、造谎。

再说这个产业园能带动一些事哩。咱园区现在没有现金流，有了一季收入，咱就能申请抵押贷款，扩大再生产。

以后弄得好了，信用社、供销联社，他们还要主动上门来寻咱合作哩。摸索阶段，不能有一点挫折就放弃。就是真的赔了，也要看赔到哪儿了。

“哥，你说得太对了！但现在关键是管理体制没健全起来。你就给兄弟一句话，弄不弄？”眼看三明“中招”，李鹏一拍大腿，开始激将。

“弄！还有啥不敢的？”三明使劲拍了一下胸脯。但他还不忘偷偷看了小利几眼。

要弄我肯定全职在这儿管，屋里是顾不上了。包下的地，不要紧，退了就行。剩下自家那一点，你小利姐带上人种。

产业园现在请了三个管事的，一人2万块，总共6万。我一个人，给四五万就行。但得把责任（权力）给我压实，说了话要能算。

园区里，会计、出纳、采购、质检、销售、固定的小工，都得有。最好配一辆专门给人送货的车。这些人上班要像工厂一样，按时按点，绝对不能随便迟到。头家安排下去，谁的事谁管，出了问题就寻谁。

就像现在，瓜粉一授毕，就应该育辣子苗了；温冷两用棚上的塑料松了，马上寻人重新绷；装果子的时候，必须培训工人，虫把皮溜了的、有虫眼的都要挑出来，一个果子就代表这一车货……

其实，叫我想，合作社还有很多事能干，不能局限在产业园的农产品，也没必要把业务限于本村本镇。

比如说，代销好的种子、化肥，村上少挣些，各户少出些。再比如，瓜卖了，还可以组织人到周边去收油桃、收葡萄、收李子。

这就不是死盯着种地了，咱做服务业。咱重泉村股份经济合作社，是正规部队，有村党支部做后盾，信誉度高。有了事干，村里一伙年轻人，就不用出去给人家打工了。

看来，三明早都想齐全了，他越说越“狂”：“说不定啥时候，咱也弄个网站，打响我重泉的牌子，叫国内国外的人都能知道。”

三明平时言短，这一番长篇大论着实把他媳妇小利惊呆了。“没看出，我嫁了一个如此有志儿郎——”见三明把话说完，小利捏着声，摆出平时唱秦腔的手势，眨巴眨巴大眼窝。一屋里人全被她逗笑了。

“我就说，我嫂子最通情达理了，绝对会同意！”李鹏从三明家出来后，拐了个弯，跑到满仓家的小卖部去了。

10

重泉村的第一书记李鹏，黑黑的，胖胖的，说起话来笑眯兮兮。

村里人碰见他，一般都喊他“鹏”或者“胖子娃”，他喊村里人一准是“叔”“姨”，就像是在本村生的。

早上，他腆着肚子在村里转，走得不紧也不慢。他要到贫困户熙熙家去。眼看快到门口了，却听见熙熙邻家喊他：“哎，胖子娃，叫你哩。你一天扶贫哩么，都不说把我扶一下。”

这句话，熙熙邻家姨见一回说一回。李鹏知道这不是找碴也不是抱怨，是姨故意逗他，用这话给他打招呼哩。所以也不管她喋喋不休，端直进了熙熙家。

熙熙家就他和他爸两个人。熙熙他妈前几年“老了”（去世）以后，留下这父子俩，经常是做一顿，吃三顿，冰箱里的菜放得都能长毛毛。

李鹏把灶户案板上扣的碗揭开看，盘子里凉调着白菜跟洋葱。拉开冰箱，里头还有几个洋芋。

"就是的么，要吃菜哩。叔，你不要嫌我说你，我哥脑子怕受刺激，你多鼓励，少给他压力。你看上一回，你非要他到麦地去做活，逼急了差一点捅烂子。"

听村里人说，熙熙小时候学习挺灵的。不知道啥原因，长大了却发现智力不太行。大脑清醒的时候，穿一身西装，帅太太，把帮扶干部都镇住了。糊涂的时候，拿着刀要杀人。

村干部老劝他爸要安抚熙熙的情绪，就是怕他出去把人伤了。

村里说要不给熙熙寻个事干，静静待下免得生事。让他当保洁员，一个月900块钱，熙熙嫌苦，不干。

为这，好脾气的李鹏多少也有些着气，扶贫不是养懒汉哩。可他想想，没敢当熙熙的面说。

李鹏的单位，是蒲城县扶贫开发办公室，听上去跟他现在干扶贫相当对口。第一书记到村上，最重要的一项工作就是脱贫攻坚。但这个学土木工程的小伙子，到单位几年，干的事跟扶贫却不咋沾边。

2017年五六月里，县上脱贫攻坚任务越发重了。领导想寻个综合协调能力强的人，帮村上把产业、党建、扶贫各项事弄前去。扶贫办、扶贫办，自己帮扶的村如果都搞不下名堂，那在县上要丢人哩。

领导给他说：“鹏，我观察你，平时干工作认真，人际关系处理得也好。没干过扶贫不怕，学哩么，年轻人，去锻炼一下。”

他就来了。

李鹏到村上，住在老大队部（新村委会隔壁）。那一年夏天，入了伏出奇地热。

老大队部倒是安了空调，可各村基本都一样，电压不稳。到了用电高峰期，各家各户的空调一开，嘣，跳闸。没办法，只能吊个风扇在头上转，汗滴得吧嗒吧嗒。

有一天晚上，村里停电了，这一下把李鹏急得转圈圈。农村人习惯了，拉个钢丝床就在门上歇凉。李鹏胖，不耐热，还不耐蚊子咬，一叮一个包。他一脚油门，跑到隔壁平头村，拉上平头村第一书记杨鹏，直奔镇政府。

第二天，镇政府院子就传开了：两个鹏，昨黑把佳祥“睡”了。

刘佳祥是龙池镇上的干部，在重泉包过村。长期在基层这一个锅里搅稀稠，这些年轻人结下了一种说不清道不明的交情。昨天晚上，李鹏、杨鹏跑到他宿舍来蹭空调。

当扶贫办整合110万帮扶资金，决定重修重泉大队部的时候，专门给驻村工作队留了一间住房。特意叮嘱，把空调口就留在李鹏床头。

其实从重泉向东走，过了洛河，开车大概40分钟，就能到李鹏他大荔老家。李鹏的爸妈、媳妇娃，都在老家。但驻村两年，不逢周末节假日，村里人没见他回过。

“哎，我这人胆小。纪委下午5点50都到村上查人哩，咱还是要遵守纪律，叫人家通报了给单位抹黑哩。”每次满仓一说起有些驻村干部并不“住”村，李鹏就嘿嘿笑，挠着手。

“鹏到村上来，真的把苦下了。你看就这两年，村上的变化有多大！”满仓说：

以前巷道里没有排水，一下大雨，村民支些砖头踩着过，跟走高跷一样。夏天蝇子嗡嗡嗡，冬天结下冰人栽跤哩。现在扶贫办把排水给做了，路两边树一栽，齐个锃锃，婑也（舒服）得很。

还有，村里现在的两个“党支部+”产业园，54个棚、机井、管理房，共总投资算了334万。对着哩，钱是上头拨哩，但都是鹏开着自己的车，跑县里协调资金、工队，耐得泼烦。

前一向，说要给五组打那700米产业路，把李鹏高兴得，挂了电话激动得都不知道咋说呀。以前为这条路，五组人没少上访，但30万投资，村上从哪达来钱？

“你说要给群众修路，我咋就这么高兴，做梦都梦见路修好了。”连着一星期，李鹏天天念叨这句话，德明跟三明开玩笑说，鹏最近是不是有些魔怔了？

说起来，第一书记很难当，搞不好就成了“书记秘书”“村长跟班”。李鹏自从进村就给自己定了个目标：绝不当第一会计、材料王、资料魔，还有“表哥”“表叔”。“我就想实实在在给村上办些正事，把咱的产业弄起来。”他说。

按照他的看法，脱贫攻坚是阶段性任务，最终是要实现乡村振兴。县上采取整合涉农资金的办法，实行“拨改投”，动员全县269个村，村村成立股份经济合作社，发展集体经济，思路清得很。

落到第一书记身上，他整天就寻思：“咋样用好产业园这个合作社的前沿阵地？”“大胆试验新品种、调整产业结构，引领全村进行产业升级。这还不够，还要进行社企合作、农商对接，搞一、二、三产融合。”

在村里待得久了，他知道，龙池这老瓜区，地种了几十年，地老了，人也老了。现在听起来收入美太太，人均1.8万，但以后哩？

11

这些事，李鹏平时最爱和平头村的第一书记杨鹏讨论。

杨鹏是县农工部（因机构改革已撤销）小康办主任，长得高高壮壮。之前在兴镇教过两年书，说起话来慢条斯理。

杨鹏不会开车，每回要到镇上办啥事，就给李鹏打电话。“鹏，可得麻烦你，来把哥拉一下。”只要没啥紧事，李鹏几乎是一溜烟就到平头村村委会。

相处这几年，李鹏是打心眼里敬佩杨鹏。

平头村村委会房子一直没有修，还是20世纪八九十年代的模样，显得有些破旧。杨鹏的房子在右边顶头。房子不小，但是里面沙发、茶几、电脑、床，摆得满满的，能下脚的地方还真不多。

不要看这房子顶顶叫炭炉子熏得乌黑，墙上还老掉皮，它的功能可多很。既是平头村“两委”开会的地方，又是村民来办事的地方，还是驻村工作队的宿舍。

杨鹏加上两个工作队员，经常挤在一张床上睡觉。李鹏不忍心，有时候晚上就把杨鹏接到重泉去住。

就这杨鹏一天云淡风轻的。村上没有啥事了，他就跑到贫困户家地里去干活，经常弄得满身泥。李鹏开他的玩笑说，杨鹏关于村级股份经济合作社的“高论”，都是在地里“悟”出来的。

发展集体合作社，既要保证它姓“公”，防止国家投资的钱私有化，又要调动经营者的积极性，管理上不是个简单的事。还有资金监管、权责分配，一系列问题。

要叫我说，集体合作社最终不能由村支书来经营，可以监管。

村支书每天要忙着开会、观摩、迎接上级检查，忙不说，有些人对经营并不懂。应该建立一套制度，由股民选出懂经营、会管理，能跟客商对话的社员，专门搞合作社。

像很多种植能手，既懂得咋样种，又紧跟市场，知道咋样销。党支部可以把这些人挖掘出来，重点培养。这是内生力量，群众增收最终还是要靠自己哩。

杨鹏反对行政命令过多干预生产经营，李鹏有不同的意见。

像我大荔，这几年种杂果，李子、山楂、柿子，把它分布开，产能不会过剩。

咱这里西瓜面积大，甜瓜太少，产业结构布局没有跟上当前电商发展的大趋势。西瓜连种了二三十年，地里头病害大，因此必须嫁接苗子，这就增加了成本。再要是跟山东寿光的上市时间一撞，当年价钱肯定瞎。

如果能把供销联社的作用发挥起来，市场需要哪些西甜瓜品种，村上引导农民种。这一队种这，那一队种那，既有新特的，也有传统的，把产业搞均衡，就好了！

农民种地有一定的盲目性，喜欢跟风。适当地引导，有必要。

“均衡的种植结构更能抗风险。”李鹏说。

“你把市场想得太简单了！”杨鹏坚持自己的看法。说得急了，他俩也争，但是不吵。

实在说不下去，李鹏就摸出打火机，点一根烟。杨鹏不抽，在旁边吸二手烟，不言传。

12

一到星期三，就轮三明值班。

按村上排的值班表，星期一玉潮，星期二爱玲，星期四德明，星期五是满仓。

自从实行村干部坐班制之后，村委会一下子正规起来了。谁家娃上学要转户口，谁要给他大他妈办养老，谁可要开个啥证明，再不用揣两盒烟，跑到干部屋里盖章子去了。只要是上班时间，办公室肯定有人。

这天，三明留着他标志性的大胡子，系着一条大红皮带，穿一身运动服、一双黑布鞋，早早来了。

这两天三明比较闲，他屋的瓜还得一向才能熟。但是重泉已经热闹开了。广东的、广西的、山西的、河北的、甘肃的、宁夏的，这些远路客商，开着红色半挂，已经在各条公路上铺开阵势。

对重泉来说，这个时候比过阴历年还重要，眼看要数钱了。白色塑料棚全被揭开，圆嘟嘟、绿莹莹的西瓜滚满地，贪婪地吸收着太阳光。瓜瓤子从白变粉、由粉变红，糖分一点点沉淀下来，瓜籽渐渐分离。瓜，熟了。

瓜农们每天除了做点扫尾的活计，其余时间，手、眼、心思都在卖瓜上。这个时候，整个瓜区里最红火的人就数“代办”。

“生意做遍，不如代办。”三明说的这个代办，可不是哪个国家派驻其他国家的外交代表，而是农村经纪人。

这些人往往不是全职，自己家也种地。只是因为社会交往面广，有很多外地客商资源。到了销瓜季，他们给客商“踩园子”看瓜，赚点中介服务费。

村里现在有四五个代办。三明跟五组的孙学斌是最早干代办的，只是学斌还一直干着，三明这几年再没弄这事。但要论起当年的风光，谁都比不过他。

20世纪90年代做代办，时髦得很。一天骑个旧“嘉陵”，到处胡跑。跑也不白跑，联系下天南海北的客（商），到咱这儿来看瓜。当时的信息不畅通，只能这样。

那时候我屋里这厦房底下，住的全是客。小利负责给做饭，伙食好很。咱管吃住，客拉一车瓜，给咱提多少钱。

现在反过来了，一斤提5分钱的代办费，果农出，客不管。比如今儿个拉你的瓜，说一块三，果农心里就清楚，自己能得一块两毛五。

当了几年代办，挣了些钱，我在村上第三个装电话。第一个装的人花了3000块钱，第二个2000，我装的时候1800。小利专门拿一块手帕把电话盖上，怕迷上灰了。等客的电话，我激动得不停揭手帕。

再后来专业的代办慢慢起来了。像县城红旗停车场，现在全是瓜果车辆信息部。人家有门面、招牌，信誉度好。哪达瓜大面积熟了，今儿个瓜的行情如何，货车涨价还是掉价，消息非常灵通。

客爱寻这些专业代办。有些合作时间长了，人都不用来，微信发红包订车、送货、打钱。

我前多年得了一回出血热，耽搁了两年，客也少了，我再没干。

“你就是个瓷怂，就搞不了代办这事。人家都是向客哩，才能挣下钱。你是向瓜农哩，客从你这儿赚不下钱，肯定就不寻你了。”小利撇撇嘴，很不认可三明对自己“退出”代办界找的这套说辞。

听小利讲，有一年瓜紧俏，客看上一家的货，三明领着上门去跟农户订。从他屋里往出走，客说的是一块六就能上车。但是到了那一家，瓜农开口只要了一块五。

三明气得说不能这号卖，要不然就贱卖了。最后因为他，两边没说成。回来那客生了大气，说他人不行，打不成交道。

“现在这，客是上帝，农民是千家万户。代办一个个灵得太太，得罪客，就是跟自己的钱包过不去。”小利照常数落起三明。

三明这次出奇了，竟然反驳起小利：“去去去，你婆娘家知道个啥？”

“我也是瓜农，知道种瓜受下的苦。没遇上就算了，碰上了，不可能眼睁睁看着瓜农吃那亏。”

每年销售西甜瓜的时节，瓜农心里都会犯难：瓜订得早了，两三天内价钱可能涨；没有订，在屋里打转转，这没人要该咋办？多半年的辛苦，就在这一下了。看着人家卸瓜哩，转出转进歇不下。

三明感叹，过来过去，吃亏的是农民。瓜涨价了，订下多钱就是多钱，有合同哩。瓜掉价了，随行就市。你不卖，客说：“要么定钱我不要了，你自己把瓜一卖。”

这几年，学斌在行业里知名度越来越高，快赶上专业代办了。他的微信里，光外地的西瓜信息联络群、水果交易群就有25个。

“看个哈，人家这农民当得，一天关注的是中缅农讯网。生意做大发了，全是网上来网上去。”三明用胳膊肘碰了一下学斌，挤了个眼。

“逑，代办跟电商就是把猫叫了个咪，有多难？”

两个伙计谝得火热。但刚一提到当代办的苦衷，学斌就把眉头拧成一疙瘩。“唉，几天几夜都学说不尽。咱是既希望客商得利，也希望村民挣钱，可有时候就难平衡很。”

村上人光算账，1万块钱的瓜，500块钱就叫我拿走了，这钱好挣得太太。其实我有好多花费，客吃饭、耗油，还有许多说不上名的支出。而且现在拉瓜，都是代办先垫资。有人三个月赚70万，也有人因为老板跑路，两个月亏40万。风险自己担。

如果质量不行，经纪人要负责。出一次问题，客商就不跟你打交道了。瓜都务得匀匀了，挑不出下贱，客高兴，群众高兴，我也高兴。

但熟人经常就是，不成商品要上车，叫人为难哩。前年，对门我三妈的七侄子，三车瓜。头一车没有啥，第二车我就没看，死蔓瓜。客第二天打电话说，我就不相信这是你看下的瓜。最后我给人家赔了2800块钱。

换位思考一下，那客也不容易。拉下死蔓瓜，你叫他卖给谁呀？我自己的瓜不好，都不敢卖给人家。

“农村毕竟是熟人社会，本乡本土，人都爱扯个关系。像城里头啥都把合同搬出来，动不动来个违约啥的，咱这儿就实行不下去。”

说话的这个黑不溜秋的小伙子，叫孙磊，外号“老昧”。关中人说自家的娃娃“昧”，意思是“笨”，有点自谦，也有点宠溺的意味。

孙磊这个外号，和他的人极不相符。村里人评价，再没有比他灵的小伙子了。

“老昧”的家庭也比较奇特。当年他爷带着他爸，他婆带着他妈，组合成一个家庭。最后他爸妈再一组合，用满仓的话说，严攒得很。

“老昧”今年32了，大专学历，是重泉最年轻的代办。他媳妇我也见过，个子比他高半头，一副美人模样，最近在学电商。

他现在主要做秋延辣子代办。用安徽的种子，做湖南岳阳的市场。“做生意嘛，一定要先看市场，客商要的是南瓜，你种的是冬瓜，那肯定不行。”

“老昧”说到一个很重要的事，那就是农民对市场的认识。“好些人，一辈子只知道闷头种地，卖的时候碰运气。提前就不动脑子，看种啥胜算大。还有个别轴的，明明看着行情在下滑，非得压货。”

但话又说回来，市场是变化莫测的，谁也不能绝对估准。

去年冬季，蔬菜市场疲软。跟村里好多家一样，三明的几亩辣子、松花菜、莲花白，冻了一大片。叫旋耕机那一天，小利穿个大红棉袄，在地里哭天抢地拍了段抖音。据说点击量还不错。

13

小利又跟人在抖音里干了一仗。

事情的起因是这样的。有个网名叫“莫知”的人，在抖音里发了一个短视频：把五根装满不同颜色色素的针管，全部插进一个大西瓜里。然后她用嗲嗲的声音说：“我们来看看西瓜吸收色素后，会不会变成彩色的，好不好吃呢？”

仅这一个视频，这姑娘就赚了2万音浪。音浪是抖音里的虚拟货币，按现在的兑换比，一音浪相当于一毛钱。

这几年，一到西瓜快大量上市的时候，小利就要准备迎战，跟这些人“斗法”。去年是“好看视频”里，有人在西瓜上扎了四根针管，比今年少一根。但话就没有这个“艺术”了，直接说：“农民正在给瓜注射色素。”

“这是放屁哩！地里的尖尖草，把瓜一扎，就是一个眼眼，两天瓜就坏了。咱都是商品才让拉到城里去，自己吃的歪把、死死蔓……”话还没说完，小利就呜呜哭起来，任谁劝都劝不住。

小利的委屈，不是她一个人的。

可虽然她平时在村里嗓音高，但在网上却斗不过那个叫“莫知”的人，人家粉丝多嘛。

14

其实这两天也有件好事。

满仓召集大家开会，一致通过，三明走马上任——合作社总经理（准确的称呼大伙争执不下，权且都叫他张总）。而他先前设想的要弄个网站的事，已经有了眉目。陕西网马上就要来人了。这陕西网，是陕西的一家大网站。

三明有点蒙蒙的。“没想到这么快就落实了，咱想着那难得太太。”

弄网站确实没那么简单。陕西网评估，村上专门建个网站花费比较大，后期维护可能也是个大问题。他们建议，先期分几步走：陕西网拍抖音做推介、开设扶贫频道，帮村上注册商标、开淘宝网店。

“不贪大求洋，这几样弄成了，今年收获就不小！”李鹏特兴奋，手舞足蹈的。

陕西网正在探索新媒体扶贫，重泉幸运地成了第一个试点村。人家主要看中的，还是村“两委”在尽心竭力发展集体经济。上坡的碌碡，众人鼓劲推嘛。

抖音微视频的脚本已经发过来了，李鹏忙着召集人，分派角色。5月15号晚上，天刚黑透，满仓两口、德明两口、三明两口，还有李鹏，齐齐聚在三明屋里。明儿个就要开拍。

还没咋，小利已经演上了，演着演着就动了情："我的瓜，我的瓜娃娃呀，养了你一场，你舍不得离开咱重泉是不是？没事，你长大了，该到大地方去见世面了。"几个人又是哭又是笑，一直闹到半夜12点。

抖音拍得还算顺利。

三明到库房里，把从前小学的课桌搬了三个。桌子面已经坑坑洼洼，不像个样了。会计德明跑过去，卸了梁拓卫生室两个白门帘。再把出纳玉潮写的红帖帖往前一粘，"首届重泉村吃瓜大赛"就开演啦！

"演员"们站了一排排，冒着雨，在村委会院子里"抢"瓜吃。可惜李鹏跑到卤阳湖滚铁环去了，刚好这会儿在举办县直机关单位运动会。如果他在，不知道会不会笑得在地上打滚。

为了拍好抖音，德明是文艺青年也演了，"二逼"青年也演了。没办法，谁让他长得帅，一眼就被"导演"相中。三明则把他这几十年的看家本领拿出来，给观众讲挑瓜的诀窍。

最好的瓜，在农贸市场里。那瓜都是客商一个一个拍了，贩子再一个一个过手的。稍微有点儿毛病，人家都不要。超市的货却收得相对粗，路边摊子上更差些，有可能是下贱。

咋样认西瓜生熟哩？你先看，皮皮上的花子（纹）散开没有，没开的肯定没熟。再拿手摸一下，光溜溜的，可能就熟了，涩涩的，就说明还生。再是瓜蒂变细变干、瓜翻起来底色发黄、敲起来声亮，基本上熟得差不多。

这几点要结合着看，不能单纯凭哪一点判断。

刚好就在前两天，我坐着德明的电蹦子，去观摩了一回福建客商老黄挑瓜。

老黄是重泉的常客了。每年把山东的瓜拉完，他就转战到蒲城，时间刚刚好。顺路，他从山东潍坊，带过来两个码瓜的妇女。一个姓田，一个姓庄。

可别小看这俩。瓜跑长途，最怕的是碰撞。一旦有一个滚起来，遭殃的可能就是一大片。皮黑了，瓤倒了，到地儿就没法卖了。所以装车的关键，就在码瓜人的手艺上。尤其是码立瓜，最见功夫。

我“踩”着一蹦蹦车西瓜，被老黄扶上半挂车的二层，那两个大姐在上面。为了节省成本，这些长途车都是装满一层，再请人专门打木桩，加二层。

站在半空里，太阳格外毒。半挂车上的铁扶手，碰一下感觉都能把肉烤焦。老黄戴个草帽，沿在车边上，真像三明说的那样，怀里抱着瓜，一个一个拍。

但显然，他是不用像我们一样，要一瞅二摸三观察。瓜经他手上过，半秒钟反应不对劲，脸略一沉，递下去小声说：“这个不行。”

码瓜的那两个大姐捂得严严实实，干得倒是高兴。

“大姐，码一车瓜，你们能挣多少钱啊？”

“这大车，能装5000来个，我们一人挣600块。”

“那你们收入挺高的嘛。”

我刚一说完，老黄就冲这边喊：“也辛苦哩。”姓田的那个大姐马上大声回应：“我们老板说得对。”

一旁帮忙递瓜的汉子看这大姐有趣，就逗她：“妹子，你说说，你们山东瓜和我们陕西瓜，哪个好？”

“我们的皮毛好看，你们这边人说你们的更好吃。我觉得，只要熟到了，都好吃。”

这会儿，拍摄组一群年轻小伙，边啃瓜，边围着三明，听他普及啥叫“熟到了”。

不同地方的客商来拉瓜，对“成熟”的定义都不一样。

这是由不同的市场决定的。路远的，比如福建，要求七成熟就行。路近些的，像甘肃，大概要个八成。再是西安，近近的，九成最好。

等分发到零售点上，熟到十成，也就是咱说的“熟到了”。那吃起来，沙甜沙甜的，有一股子果香味。

15

抖音拍得很欢乐，权当村“两委”集体休了半假，还展示了一下各自的才华。但弄淘宝网店，可把众人瞀乱美了。

谁都没想到，最大的绊搭，出在网银上。先是那张“农村集体经济组织登记证”迟迟回不来。资料不全，没办法开对公账户。

李鹏托人到农业农村局问了，最早的，人家年初都领到了。龙池镇的材料迟迟没交来，所以才拖到现在。这两天打印证书的人休假，缓两天弄好了就通知镇上领，但村上不能领。

陕西网那边给三明打电话，说logo、图片、文字这些都已经做好了，一切准备就绪。只等着村上把基础工作做完，网店就能上线。

网店精确“瞄准”产业园的新品种甜瓜。虽说瓜还得二十来天才能卖，但发展成熟的电商，一般提前一两个月就要铺天盖地搞宣传。现在开店，已经是在争分夺秒。

三明急得在地里转圈圈。平时他干活哪有时间看手机，这一星期他跟定了闹钟一样，隔几分钟看一下。生怕微信回得迟了，怠慢了陕西网那些给村上帮忙弄事的同志。又盼着满仓给他打电话，高兴地说，证领回来了。

幸好他家的西瓜已经订出去了一半，心情还能缓和缓和。

证是李鹏取回来的。满仓一腾出手，赶紧把资料带齐，到银行去开户。他是法定代表人，这事必须他本人去。

城里人办业务选银行，大多会去中、农、建、工四大国有行。但在农村，只要提起跟金融相关的事，人第一反应是信用社（农村信用合作社）。

以前卖瓜这个时候，信用社的人就在田间地头办公。现金不过瓜农的手，从客手里直接进银行账户。当然现在有更便捷的方式了。

贷款也一样。信用社的信贷员张凯，手上戴个金戒指，经常昂首阔步在重泉转。孙磊（代办“老昧”）开玩笑说张凯是他的“财神爷”，得巴结好。

我记得最近哪天晚上，张凯陪他们主任来过一次，发放移民贴息贷款。

信用社带来的消息：全县即将实行信用村整村推进。符合信用户准入条件的，发授权通知书。信用户占到全村户数的80%以上、信用环境好的，评定为信用村。信用村能享受更多贷款利率优惠。

满仓在脑子里一闪，还是决定把户开在信用社。

户开好了，三明激动地满屋子喊叫：“事终于到头了，咱重泉村集体合作社要有网店啦。”他急忙拨通陕西网那边的电话，把消息传过去。但大伙高兴早了。

“啥，开网银了没有？没有么，网银跟咱用的手机银行一样不？……哦，不一样。你说还必须开？对，对，我知道了，马上办。”

还没等其他人反应过来，满仓抓起手机，拨通镇上信用社会计的号，他们相熟。电话很快接通了，传来一阵女声："孙书记，不巧得很，最近系统刚做了调整，网银要等三个工作日之后才能办。"

天越发热了起来，焦虑在人群里互相传导。满仓撸了撸袖子，安慰大家道："没事，算够三天，我清早起来就蹲到信用社门口，门一开我头一个冲进去，给咱办！"他故意弄得表情滑稽，惹大家哈哈大笑。

办网银那天，是最让人难忘的一天。

头一天晚上，信用社会计给满仓打电话："这对公账户办网银，审批起来麻烦很，要县上联社的领导签字哩。但刚通知，明儿个全县系统内要开一天会，这咋弄呀？不行你再等等。"

"不敢再等了！"三明在满仓旁边使眼色，他急得快要跳脚了。

"那你看这号行不行，我明儿个赶早，到你信用社把资料一取，给你送到会场。还得辛苦你，给咱抽着空寻领导把这办了。感谢感谢，好好好。"千恩万谢完，满仓挂了电话，长长舒了口气。

粗粗算了一下，那天，满仓往县上跑了一趟、镇上跑了两趟；李鹏也往镇上跑了两趟。镇政府的干部刘佳祥碰见了，嘲笑他们像经布哩。

正好逢集，看到路边那挖挖凉粉、里脊夹馍、酿皮子，他们才想起来肚子饿。也顾不得形象，买来蹲在信用社门口就吃。李鹏吃了一手油，也不知道最后抹哪儿了。

当李鹏在信用社柜台外打开笔记本电脑那一刻，周围人都惊呆了。他手里捧着两个UK：001操作员，002审核员，请柜员给指点。

“实在不好意思啊。咱镇上办这业务的人实在太少了，你是头一家。我们对业务不精，第一次证书没有更新，害你们多跑一趟。”柜员态度好得让人都不忍心责怪。

三明不知从哪儿弄了两个黄亮亮的香瓜，悄悄放在村委会的电脑桌前。当给阿里的那5.04元钱（平台用来测试账户是否开通，随后返还）显示转账成功的时候，他真的在房间跳了起来。

满仓说：“忙了这些日子，咱几个去咥顿烤肉。”打电话给几个人的媳妇，都推说有事。车向前开，正好碰到小利。拉她上车，她忸怩着不去：“你们都是外头的人，我一个家庭妇女，去了不合适。”

16

省上电商团要来重泉了，说是要来二三十号人。

三明拿着名单瞅了好几遍，他能知道的就是天猫、京东这些个名气大的。哦，对了，还有乐拼团，小利在上面买过东西。其他的，据说都是在西北地区很有影响力的电商。

已经有一家来打了前站。他们一行四个人，打大荔来，先去河对面看了杂果。到了村上，开口不谈别的，先问目前有多少个甜瓜品种，分别什么时候成熟，重量、甜度、产量、面积……

然而，重泉甜瓜量并不大。除了两个产业园的新品种，零星有几家种绿玲珑、金红脆（黄皮红瓤），还有五月雪（白皮甜瓜）。

说起村民为啥喜欢种西瓜不愿意种甜瓜，满仓比画开来。

“你笨想，这么大跟那么碎，哪一个摘起来快？卖西瓜的时候，一蹦子就完了，甜瓜才一笼一笼慢慢卸哩，人都图眼前洒脱。”

哎，谁能料想到世事变化这么快！现在流行电商，人都在网上买东西。人家电商不爱西瓜爱甜瓜，尤其是厚皮的，耐运输。今年金红脆就抢不到手，生生都有人要哩。

重泉村里的人偏保守，害怕种甜瓜不保险。其实隔壁五四村里早成风气了，可能跟陈文仓（龙池镇最早办农民专业合作社的人之一）在他村里收甜瓜有关系。

满仓懊悔得直拍桌子：“这么大的电商来了，可村上没多的货。这几年老喊叫调整产业结构哩，还是步子太慢了。”

三明知道满仓有些干着急，但他的想法不一样：“咱要把思路打开哩。咱是个合作社，不光能种，更能销，还能产销结合。只要有客来，要啥货，咱负责给人家收。周围村里的、邻镇的、邻县的，跑市场，咱跟代办一样么。”

“其实也不一样，代办只是客的下线，替客跑腿。他们是企业，咱也是企业，市场地位是平等的。”

这一说，大伙一下子豁然开朗。这已经不是瓜农卖瓜那么简单，而是重泉村股份经济合作社要开门做生意了！

前脚把客人送走，村上干部就绣堆堆，商量咋个接待的事。

满仓想事细，他跟三明商量，恐怕得专门弄一间合作社的办公室，把章程都挂起来，正规么。再说总不能让人家客商来了，都挤到党支部书记办公室洽谈吧，那边还有村民来办事哩。

“新办公室没沙发……不要紧，我给咱想办法。大门口的牌子、横幅，接待用的胸牌，我到街上去定做。纸杯、茶叶、抽纸、果盘、刀，从我小卖部取。到时候看人家几点到，咱准备些吃货，热甑糕、夹心饼干，各样瓜果提前挑熟好的摆上。”

“要是还想热闹，叫金斗他几个敲一阵锣鼓家伙，服装、锣鼓咱老年活动中心都齐全着哩。”

三明给满仓建议，是不是把销售团队也建起来？“虽说咱合作社刚起步，还不成熟，但人常说，麻雀虽小，五脏俱全。”

“能行，这两天你就物色人，起码得有个懂电脑的。要我说，不行都选成年轻人，也是给村‘两委’培养人哩。”

人、东西都相继到位，新办公沙发很快摆进了合作社办公室。一天下午，李鹏自告奋勇去小卖部取零碎，听满仓媳妇明芳说，满仓又从她这儿拿走了万把块。

17

电商团浩浩荡荡，终于来了。

蒲城县提前做了准备。一大早，县政法委书记就带着农业农村局、扶贫办的干部，去路口接人。龙池镇党委书记则率领镇干部，在镇上迎接。

村干部在院里列队，每个人身上都挂个牌牌，写着“引导员”。镇上包村的李丹，调侃德明穿得太花了。“你看李鹏就知道要穿白T恤。”“这还有讲究呀。”德明吐了吐舌头。

正说着，中巴车就缓缓进了院子。大伙忙成一团，拥着满仓往前走。第一个下车的是省农业农村厅人事处处长、“三农”学者、电商专家魏延安，这次活动就是他牵的头。

魏处长的样子，满仓早已熟记于心。他激动地奔过去抓住远客的手，和县、镇领导的介绍词刚好合了个拍。

人实在太多了，会议室被挤得满满当当。村上只有满仓有一个席位，他要代表重泉致辞。其他人都跑出跑进，忙着端茶添水。

三明看安顿得差不多了，就急忙选了个好位置站着。魏处长说的话，他想一字一句听真切，为此他还找李鹏请教了一下该咋录音。

魏延安对着各家电商说，之所以选择重泉村作为此次“电商助农”活动的调研点，一个很重要的原因是，重泉村正在探索集体经济的发展模式。下一步要搞乡村振兴，村的集体经济首先要振兴。

“如果村上的集体经济都分光吃净了，村上干事情也干不好，村上好多公共服务提供不了，乡村振兴的组织振兴就很难实现。”

他还讲，电商绝不仅是搞销售，它是一个复杂的生态体系。要想做好农商对接，必须完成进一步的产业分工细化，最后形成一个完整的产业链。

“今年的当务之急是先把生产出来的东西卖掉，然后根据市场反应来分析，哪些品种卖得好，明年如何按照电商销售的要求达到标准化生产。”

三明说，他简直快陶醉了。“咱这嘴里，咋就说不出来这些话！”他又懊恼小时候没好好念书，又感慨真的像满仓刚才致辞中说的那样：重泉村发展迈入新纪元。他们这一帮人就是开创者！

一时他像变了个人。引着人到园区参观，他是鱼入了水、蚯蚓钻进了土，目光炯炯，脸上泛光。仿佛隔着十里地，都能看得见他身上散发出的自信。

他从容地在各个棚里穿梭，像一个真正的国企负责人那样，动作自然，讲解专业。这个新农民，怀抱着他的乡村，他是多么满足和骄傲！一直到中巴车往镇“联合党委+”产业园开出去好久，三明还在原地挥手。

上次来的那家电商，当着魏处长的面，把在重泉扎点收甜瓜的事敲定了。这家老板是两口子，男的姓姚。两口子留在村上，静静板板洽谈。

“按你们的要求，库房寻好了，就在路边。地磅、水电、网都到位。住的地方，老年活动中心那房是新的，床也是新的，我把被子和凉席准备上。”满仓把情况汇总了一下。

姚总手下具体负责收货的汪总说：“场地费是你们的。村上要帮忙找些女工，工价我们跟她谈。再就是需要10个电子秤。”这秤的事，让满仓有点作难。产业园的收益还没下来，最近花的钱都是他东拼西凑的。

李鹏一看，就开了句玩笑：“村上刚起步，花销确实多，你们能给匀过来几个秤不？”两边顿时都不说话了。李鹏怕是自个儿冒失了，就赶紧打开手机，说他现在就下单。

姚总很和气：“我们的秤确实都在场地上占着。其实10个秤就1000来块钱，以后你们还是要用的。”

三明赶紧说：“头一年，我们不挣钱都行，把服务做好。你们提出的要求，村上一定积极配合，尽最大能力满足。”

姚总也赶紧说：“我们团队也就这个事反复讨论了，很多员工说，老板，你这么弄是要赔钱的。但我坚持要干，已经做好赔几万块钱的准备。哪怕今年只收一两车货，重泉的名气打出去了，明年可能就是车排着长队来送货。咱们齐心协力，把这个事做成。”

气氛又恢复了融洽。双方约定好，这两天就把纸箱运来，准备开工。

18

好好地把人送上车，三明和满仓瘫在沙发上，说起悄悄话。

“三明，我最近听说，有些甜瓜还没熟，客说个头啥都能占住，让卸。瓜农一算账，划算，卖。咱在党旗下哩，可不能干这缺德事，不熟的货，想要，不供。”

“满哥，你说这对着哩。临渭区下邽镇种红提，政府出面干涉，不准打催熟剂。客来得早了，劝走。这真正是保护自己的品牌哩。你在咱网店上也写个承诺：本合作社不出售生瓜，绝不以次充好。”

“叫我在本子上记下。”

“满哥，你说，过上几年，咱重泉合作社能挣下几百万不？我昨晚上做梦，梦见我成了真正的张总。”

19

重泉着火了。

我刚端上碗，掀开镇机关灶的竹帘子，迎头就遇见重泉的包村干部丁辉。“重泉着火了，李组织（镇党委的组织委员李丹）打电话说她先过去，咱吃了赶紧走。”

稀饭烫嘴。我也学他一样，站在案板跟前，掰开蒸馍夹了两筷子菜。呼哧呼哧咬了几口，噎住了。端起碗灌了口汤，底下的米和豆子喝不着。

在水池里胡乱刷了刷碗筷，放到厨房的架子上，我俩飞奔上了车。丁辉的车，比满仓的更颠屁股，他还开得生快。到了五四村口，我们看见一辆消防车在前面停下。

“伙计，是不是到重泉村去哩？我给你带路。”丁辉摇下车窗玻璃，对着大车司机楼喊。

“说是火扑灭了，不用去了。”原来消防车是在找地方掉头。丁辉靠边停下，等消防车转过头来，打了个招呼，各自开走。

着火的是“老胡”家。这个“老胡”不姓胡，是因为打麻将老放和（读“胡”），得了这么个诨号。我们到的时候，李丹、满仓正守着他。

“三明说他早上到地里去，看见桥南新村这一片冒黑烟哩，估摸是着火了，赶紧借了个铲车开来。要不然这庄子连庄子，烧了房子事小，伤了人可咋办呀。”满仓叹了半天气。“老胡”披个袄袄坐在路牙子上，不言传，眼睛发瓷。

据说火是从后墙底下着起来的。“老胡”他这几家，房后头就是地。不知道谁想点啥，引燃了后门外头一堆塑料膜和水管子。

我们进去看的时候，几个人正拿着耙子，把那一坨黑焦状的东西使劲往开扒。“老胡”睡的那间房，玻璃碴掉了一地，被子褥子、鞋子袜子都已经清理到院里去了，只留下一张床。

“幸亏人清醒得早，要不然成烤肉了。”这个冷笑话让人有点毛骨悚然。怪不得“老胡”吓成这样了。

三明还铲车回来，听见李丹正给满仓说：“这瞎事也有警示作用哩，村上再动员群众清理三堆六乱，工作就好做多了。”

他俩对看了一眼，脸枯皱着。到了这五月半头，村上的工作越发多了起来。上头隔三岔五检查、开会、学习，尤其今年添了产业园和合作社的事，重泉从个贫困村一跃跑到各村前头，观摩次次都没落下。

瓜再一大面积成熟，按往年的经验，多少都有些纠纷。不管大小，只要村民寻到村上，村干部都理所应当出面妥善解决。

这些事都堆成堆了，所以满仓他们有点焦头烂额，只嫌胳膊腿不够用。但俗话说得好，饭要一口一口吃，事还得一件一件干。

当前摆在满仓眼跟前的“头等大事”，是环境卫生整治。

搁到其他地方，这不是个啥难事。村里路修得光光的，排水也做了，卫生厕所基本到位。公共区域有保洁员，各户只要保持好自己家门口的卫生，也就没啥了。

但这种瓜的村有特殊性。塑料膜、钢筋、竹竿、绳子，买回来一大摊，屋里搁不下，扛进扛出也不方便。你不让村民在门上放，今儿个去说了，但明儿个又给你堆到那儿。

到卖完瓜时再看。瓜蔓干了，拔出来，群众趁着半夜没人，拉着往壕里倒。原先二组那个壕深太太，现在都快填平了，人又往村外头排碱渠里倒，甚至公坟里都有人倒垃圾。

村上就那几个保洁员，平时清扫路面、拉垃圾，频率就比较高。今年村上迎接的检查又多，每次都要提前收拾卫生，尤其是往产业园去的那条路，隔几天就得扫一回。前两天满仓打电话叫保洁员，有人说他不干了。

垃圾确实是个大问题。不是重泉一个村在愁，镇上更愁。龙池镇的人均纯收入，在全县从前往后数；环境卫生，从后往前数。

中央提出乡村振兴，总书记都亲自讲农村厕所、乡村公路、垃圾分类。在龙池来说，也是一件迫在眉睫的事情，所以县里、镇上抓得很紧。

20

这段时间，镇党委书记邵新刚逢会必讲环境卫生，最近干脆派包村干部全天驻村，集中整治。就这他还不放心，马不停蹄在各村督战。

隔上几个小时，丁辉就往镇干部的微信群里发照片，他说这叫“留痕作业”。

“咱村好着哩，孙书记（满仓）老跟着，没人敢磨洋工。你不知道有个村，让贫困户去打扫卫生，一天给10块钱。那些个见有人看，就动弹两下，没人了靠着锨把，害怕鼓劲大了，吃的饺子钱还要赔出来。”

“你咋不看人家好的村哩。咱村上的工作还要改进，村干部有畏难情绪，面情太软。”李丹说，“邻村的赵书记，让一户清理门口的堆积物，说了多少次不挪。他到屋里问，你那东西还要不要？村民说不要了，咋？他说不要了，行，现在就叫人帮你清理走。这才叫硬邦！”

李丹是从普通干事一路历练上来的女干部，做事雷厉风行，说话快人快语。一番竹筒倒豆子，满仓、李鹏、三明、丁辉，几个大男人都没人敢回嘴。

但李丹看起来心情不错，转脸她又笑嘻嘻地拉大家去吃饭。“本来要请你们吃鱼哩，怕邵书记来检查咱都不在，就在村头面馆吃饺子走。”

坐的还是大家平时常坐的地方。满仓去拼了个素拼盘，要了几瓶啤酒、几瓶果啤，还有一嘟噜蒜。大家刚围好，李丹就忍不住说开了：

“叫我看，群众工作很好做么，哪有你们平时说的那么难！你看今天下午这一家，刚好占着边庄。你让他多占一点点地，不违反政策，也不影响邻家。他愿意自己掏钱把墙砌起来，堆放的杂物不露在外面，村上的环境卫生也能达标。一举两得。”

“所以说，干工作要动脑子哩。”

正说着，邻桌几个老汉瞅见满仓了。好像里头有个老村干部，在那儿大声喊叫：“满满，满满，你过来，你过来嘛。”

你一天，安排个啥事就紧火了。一阵阵统计这，一阵阵统计那，现在又成天叫人打扫卫生。这么多的事情，是上嘴唇把下嘴唇一碰就能行了？

还有，不是我说哩，你知道村里人把路两边扎的那围墙叫啥？叫“遮丑墙”。有那工夫，想想垃圾到底该咋处理么！拿墙把垃圾壕一挡，难道它就不存在了？新农村发展哩，搞那些形式主义有啥意思？

碎店店地方小，这些话碰着四面白墙，全进了在座人的耳朵里。

只有三明出去上了个厕所，没听到那老汉的话，回来看大家都不言传，他接着之前的话题说：“其实农民不是不爱干净。刮风下雨，有的人从地里回来，连饭都顾不上吃。这个时候，你让他挪门口的竹竿，不是寻着去挨骂哩么？”

饭上来了，各人搂过自己的不锈钢盆盆，扒着就吃。

说也巧得很，才刚出了店门，丁辉眼尖，看着像是邵书记的车准备拐弯。话刚说出口，黑轿车停下，邵书记走了出来。“我本来准备到五更去，看那边路修得咋样了。刚好在这儿碰见了，上一回我说的那地方整改好了没有？”

李丹把满仓往前让。“差不多了，墙扎高了，渠沿上的草也铲了。”

“走，把你那儿（地方）检查一下，叫我看是不是到位了。”邵书记说走就走，其他人只得跟上。听镇上干部说，这邵书记的特点就是凡事盯得紧，凡事有始有终。

镇党委书记和村支部书记两人说的，是从重泉村口到村委会的这一段路。我刚到重泉的时候，特别喜欢在这条水泥路上晃荡。

路南北走向。以东是一排排漂亮的房子，村妇联主席爱玲家就在这儿。我在她家吃过洋槐花麦饭，认得门。以西挨着一片麦田，地南头是渠，北头有一片泡桐林。夕阳西下，站在路口看，一片设施大棚蔚为壮观。唯一有点煞风景的，就是二组的垃圾壕在这儿。

“你这不行么！叫砌墙哩，把东边这一排弄齐，四棱见线，多好看。路西边拿锨把那儿铲平。这谁家，架子车啥都在外头，他私人屋里这一段，自己也出点钱么。趁着这回环境卫生整改，把墙修起来对他不也是一件好事？”邵书记指指这儿，又指指那儿，显然是着急了。

满仓为难得不行。社教家他动员了不是一次两次了，工作没做通。钱全部让村上出，几万块钱又拿不出来。

“李鹏，你扶贫办给想想办法，把这问题解决了么。”李鹏本来站得远，听见邵书记叫他，呼哧呼哧跑了过来。

李鹏看着也为难。“刚给五组修了产业路，拨了些钱。现在再要，真的不好开口。要不然我把电话拨通，领导你说。”说着李鹏掏出手机就拨电话，邵书记却没动手去接。

“其实就是些砖、水泥、沙子，想点办法把这块收拾了，你村里大面面上暂时就没啥了。过几天我再来看。”邵书记安顿了李丹几句，上车走了。

见满仓有些发愣，李丹叫他：“明天还有环境卫生观摩哩，赶紧走，看路打扫完了没有。”

“走！”

我和李鹏在原地站了会儿，他突然拿下巴指向满仓远去的背影，说：“唉，老汉的背，今年都驼了。”

过了三天，社教家那面墙砌起来了。砖是赊的。

21

整治“大棚房”，整治到了老支书孙积胜家门上。

我给重泉历任村支部书记（或主持工作者）绘了张表，近20年的数据如下：1997年至2001年，孙积胜；2002年至2015年，郝拴潮；2016年至2017年，郝清余；2017年（年中）至今，孙满仓。

孙积胜和孙满仓都是从大队会计上来的，而且恰好这两位在会计任上有个交接棒。孙满仓担任村支书之后，棒又交给了孙德明。

四个人里，孙积胜和郝拴潮搭过班子，郝拴潮和郝清余搭过班子，孙满仓和其他三人都搭过班子。郝拴潮、郝清余都曾一肩挑，现孙满仓为一肩挑。

孙积胜卸任后，在桥南新村（我们常吃饭的面馆隔壁）开了家农资店。

积胜当干部的那个年代，上头叫收瓜税、收梨税，3000亩地，一亩地150块钱。每年夏粮开镰之日就是收税之时，今天要，明天交。每回都是村组干部开会，借钱贷款先垫上，回头再一户一户去收，这叫上清下不清。

多数时候，都是积胜给垫的。但是到户里收的时候又收不齐，有些账就多年挂在积胜名下。积胜不干的时候，已经给大队垫了不少钱。据说，那些账至今还没给积胜结算。

积胜瘦高，戴个眼镜，斯斯文文。村里像他这么大的农资店，有四五家，但只有他这儿主营农药。在这个行当里摸爬了十来年，积胜对瓜菜病虫害防治，有自个儿的看家本事。五更、平头，都有人撵过来，到他这儿买农药。

他现在算是植保专技人员，持有上岗证。每年，像是新《农药管理条例》这类培训，他们这些农村植保员，都要按时参加。用药基础知识、法律法规、经营知识，常学常新。

当会计出身，积胜是个细致的人。大柜台边上，进货查验和进销货台账制度、环境卫生管理制度、产品召回制度、农药废弃物回收与处置制度、经营场所和仓储管理制度……一排本子，挂得整整齐齐。

据他讲，现在农资农药生意不好做，“夹缝中生存”。县上的批发商直接往村里送货，农药、化肥、种子、农地膜，一起打包搭配销售，价钱低。

不过，有的药针对性不强，遇到具体病害，农民还是到农资店重配。一边卖农药，一边教技术，这也正是积胜他们这些农资店仍然存在的价值。

积胜说，大棚瓜生长的季节，虫还没太上来，相比其他农作物，本身用药少。现在农民的用药意识也在逐渐转变，能不使用农药的，尽量不用。如果要打腻虫，用熏蒸的办法就解决了，不伤瓜。

在他看来，社会往前发展，科技不断进步，在保证农产品质量安全的前提下，提高劳动生产率，减少病虫害，增加亩产值，才能提高农民种地的收益。

“现在最头疼的问题，就是这农药瓶子咋处理。之前还回收哩，我让群众拿来，一个瓶子5毛钱。这几年没人收，群众只能把那弄到垃圾坑里去了。”

正说着，有人来买药。

“瓜叶子发黄，蔓死哩。眼看卖瓜呀，客到地里再是这，估计不好好收。”来人趿着鞋，有气无力。好像瓜病了，他人也蔫了。

“根腐病，今年叶子早衰现象比较严重，影响光合作用。有两种药，这种30块钱，那个40，都是一瓶配400斤水，打三四亩地。”积胜再给配了几包营养剂，讲明用法。最后算了180块钱，小伙子掏了半天，给够钱，拿着药走了。

农资店门头，本来伸出去了些檐子，搭着彩钢，是为了秋季收辣子。积胜他们这一排，加上村里头的，总共有11家，都是这情况。

但按今年“大棚房”整治规定，这属于乱搭乱建，要全部拆除。

满仓去给积胜做工作，积胜带头，第一个把他家的拆了。“老虎（积胜的外号）这觉悟，没啥说的。”

其实，满仓跟积胜心里都知道，这农村要把房前屋后弄得干干净净、整整齐齐不是一件容易的事。

“辣子太多了，放到屋里呛得很，没法住人。群众就想下这办法，遮个风挡个雨。但上头文件有明确要求，咱必须严格执行。”

“咱村上涉及乱搭乱建的，没用下两个月，全拆完了。啥事你给群众讲清政策，都知理。”

现在就是桥南新村那几家交易市场，拆起来，一家都是十好几万，有的几十万元。但群众盖那房确实是为了方便农产品交易，村里人都可以证明。“我给镇上打了报告，一级一级说明情况，等上头批复。”满仓说。

那天，积胜跟满仓好不容易坐到一块儿，谝闲传：“老话常说，天下衙门往南开，其实也是往‘难’开。设下村这一级组织，就是要给群众解决难办的事哩。”

孙积胜的后任郝拴潮，是重泉一组人。现在他被聘为龙池镇产业办主任，主抓各村的产业园。存良、振民他几个伙计开玩笑，叫他“八办主任”。

镇上事忙，不常在村里见拴潮。但每回从四组路口过，我都能在为修路立的那块碑子上，看见他的名字。“路志”是这样记载的：

公元二〇〇八年，重泉村群众响应国家建设社会主义新农村的号召，为创建美好家园，在村党支部书记郝拴潮同志及村委会的策划安排下，组长张三明具体负责，全体村民大力支持，社会各界人士鼎力相助，新修了一条总面积为1800平方米的水泥路，共筹资131880元。工程于二〇〇八年十月十八日竣工，在我村发展史上增添了光辉的一页。

听四组人说，这是村里第一条由村民自费打的水泥路。在这之前，全村只有一组一条巷硬化了。

当时集资，按庄子的跨度（宽）量，每5米，住户出1000块钱。还有一户是空院子，不愿意出钱，巷里60多户分摊了。村医孙福康、孙积胜、张三明，还有些在外头干事的，额外再捐了款。200元到5000元不等，名字跟钱数都在碑上刻着。

“下雨的时候，其他队的人都跑来看。过去农村大部分是土巷道，很少见过这雨天走上去不沾泥的路。有些人，不走他巷里，专门绕过来踏两圈。就像最早，我队上人绕到人家一队去一样。”

三明说，现在提硬化路面，指的基本是产业路，而且可以跟国家申报项目，“农村到底发展没发展，只看路，也心里有数。”

郝拴潮的后任、孙满仓的前任是郝清余。在他任职期间，曾有一件事在村里引起一个不小的波澜，但很快就平息了。

重泉村的干部，就这样像重泉的西瓜一样，一茬接着一茬。

22

李鹏和满仓赶早要去镇上开会，每周四的脱贫攻坚工作调度会。早就听说这星期的会，县委书记陈振江可能来。

最近在镇上，我先后听了三个“大会”，都是有关脱贫攻坚和产业发展的。那回省委政研室来调研特色现代农业发展情况，陪同的是县委副书记和县农业农村局局长。

我记得，当时蒲城县给省上介绍了酥梨、西甜瓜、奶山羊、食用菌、金银花等好几个产业的发展情况。调研组听完汇报，对酥梨最感兴趣，有一番探讨。

蒲城：这些年渭南创汇，主要靠酥梨。产品出口美国、澳大利亚等33个国家和地区，年创汇近3亿元，跻身中国果品区域公用品牌价值榜30强。

蒲城酥梨在特有的盐碱地上长成，据西农专家最新研究，它对雾霾有很强的吸附作用。

但同时，受品种更新换代慢等各种因素影响，蒲城酥梨在全国梨类中价格垫底。其实这几年，结合脱贫攻坚，县上也做了很多努力。比如正在推广的红香酥，价格非常不错。可更新树种，还是得有一个过程。

省委政研室：这个防霾研究有没有公开发表的学术成果？如果有，能不能围绕这个做品牌策划？你们早年提出的“润心润肺”，用的地方太多了。如果研究成立，那就应当是“洗肺除霾”。

（注：我在科学网、知网以及百度上依次检索，均未查到吃梨防霾相关论著，反倒有很多电商广告称吃梨治霾，你知道吗？）

按你们说的，去年酥梨卖到一块三毛钱都是高位，收益确实有限。如果一直这样，老百姓可能自己就把这个产业淘汰了。作为国家地理标志保护产品，消失掉实在太可惜。

蒲城：所以我们和高校联合成立了酥梨试验站，试验新的栽培管理技术。还有酥梨博物馆、高速公路沿线70公里的绿色长廊、10个高标准示范园，领导都可以去看。

眼看酥梨截了西瓜的和，人很快走完了。满仓一溜烟奔回村，激动地跟李鹏、三明、德明他们几个学（说）会上的事。“那要是这，咱不是要打造西甜瓜品牌哩么，是不是往这‘功能’上动动脑子？”

李鹏认识一个农业专家，大家七嘴八舌，让他请教一下。“营销农产品，打开思路肯定是好事。但是注意，宣传一定要严谨，有权威定论之后再说。不要像市场上有些商家一样，一味追求‘噱头’，满嘴胡说哩。”

满仓觉得有点泼凉水，但想了想，人家说的也有道理。

人又说着回到脱贫攻坚调度会。李丹正在会议室里安排环境卫生整治的事，台上突然一阵骚乱。有人通报说，陈书记来了。几乎是一眨眼的工夫，主席台的牌子被迅速撤换，镇党委书记、镇长陪着县委陈书记进了门。

县扶贫办、县农业农村局、县美丽办、县供水总站等包联部门的人，镇上的扶贫干部，全镇各村村支书、第一书记，把脱贫攻坚作战室坐得满满的。这个会议室跟厨房紧挨着，平时两用，今儿个大饭桌已经靠后墙栽起来。

县委书记面前只一个茶杯，没有稿纸，讲话开门见山：

咱发展集体经济，最终的目的是让群众腰包鼓起来，解决老百姓单家独户解决不了的问题。不要为发展集体经济而发展集体经济。

我今年去北部沿山地带多，那边自然条件相对较差，产业底子弱，一抓，金银花、食用菌，呼呼呼都起来了。龙池区别于北边几个乡镇，群众把土地看得比较重，咱具体问题具体分析。

现在咱这儿农民面临的问题，一个是投资风险问题，另一个是年轻人都出外打工了，家里留下的剩余劳动力，没有能力发展设施农业。

这两个难题要解决，靠谁呀？靠镇党委、村“两委”，统筹协调。

县委书记喝了口茶，继续讲：

我今天在路上想，咱们分镇、村两个层面，你们看这样干行不行：

2018年年底，县上投资1400万给你们建了田园综合体。镇上要依托田园综合体，做好新品种新技术的引进、电子商务物流，搞好与市场的对接，在为农服务上做文章。

另外，咱围绕“少花钱”想想办法。镇上能不能以

“联合党委+”的名义，和供销社合作，统一采购农资。抱团发展，体量大了，跟商家谈判的筹码就大了。

打个比方，尿素从厂家手里拿来，赚20%的利润，卖给群众可以比市场价低个5%。其余的收益，镇党委统一管理，再分红给村集体，也是给村集体经济做补充。但不敢比市场价低太多啊，要不然把市面上的实体经济都打死了。

村“两委”的平台是集体合作社。为啥要求合作社的法定代表人必须是村支书？就是要加强党的领导。

……

注意，发展集体经济，一定要让群众参与其中，特别是贫困户。不能说发展产业，光是分红。你坐在家里不动弹，分啥红哩，扶贫不养懒汉。像你们之前把棚包出去，也不对，这咋样发挥村“两委”的作用？如果只是为了挣租金，还用摊这么大的底？

……

会议结束后，16个村支书被单独留下“谈话”。这里头埝城村村支书孟庆弟是个老先进，见县委书记的回数比较多。不像满仓他们，很少跟大领导这样面对面，都低着头不太说话。

“哎，你谁想抽烟抽啊，我想抽烟哩。”县委书记一掏烟，底下都笑了，“咱这儿不是开会哩，就是座谈，我主要想看看大家还希望县上为你们做些啥。老孟给带个头，直接讲，不说虚话。”

埝城村：我们的设施大棚发展最早，20多年了，村上没有多余的地。但我前一向到我们的合并村去，有50多亩地，没有渠没有水，农民不愿意种。我说这是块宝地，希望县上能给配套。

县委书记：跟埝城存在同样问题的，还有谁？

钤铒村：我们现在流转了百十亩地，计划建个园区，集体经营。

屈家村：上头倒是有项目哩，但一年只能建十几个棚，我想把产业园建得再能上规模。

县委书记：你这屈家发展得不错。都是钱不够？钱不够继续策划项目。

要我说你们这落下步子了。今年整合涉农资金3.2亿，60%都要用于产业发展。如果年前策划好，脱贫领导小组会上报上去，就能纳入今年的项目。

你们赶紧弄，争取撵上今年的。千万不敢错过这两年这么好的发展时机。过去村上想弄个啥事难得，寻人找关系，才能要来十几万。现在只要你选准方向，钱在那儿搁着哩。

城南村：我村主干生产路是土路。辣子天晴2块钱，下雨天1块钱，泥得拉不出来么，就这么大差价。希望县上把产业路给我们解决一下。

县委书记：可能各村都存在这情况。但是按政策，大部分资金都要用于产业发展。我建议你们把生产路作为园区的配套，这样解决，大家看行不行？为啥让尽量集中连片发展？就是高标准农田建设，好做田间配套。

孟庆弟：本来我对把地弄回来，还有顾虑。没有资金，咋建园区哩？现在陈书记一说，心里有底了，回去一定好好弄。

县委书记：那你不怕么，要有底哩。如果这样能成，各村领导，大家回去就这样做，赶快行动。

我最后再强调个事，你们把乡村环境卫生好好整治。上一周，国务院政策研究室的领导来调研，到其他乡镇，环境卫生确实好。搞乡村振兴，生态环境治理要建立长效机制。

李鹏在外头已经等了一个多小时，才见满仓最后走出来。

“哥，你给陈书记提啥困难了么？”

“咱暂时没啥困难，我没说。”

过了几天，西安的电商给他打电话。满仓“喂喂”了半天，听不清，又往院子里那棵大槐树底下跑。据他无数次验证，这儿是整个村委会信号最好的地方。

“把他的，咋没想起来给陈书记说一下这事，唉。”

23

如果说县委书记来开了个“升级版”的脱贫攻坚大会，那5月9日开的这个，绝对称得上“加强版”。有个镇上的干部发感慨，他到龙池九年多，这么大规模的会也就有过两三回。

那天，小车把镇政府东院堵了个严实。四个包联部门所有帮扶干部、全镇的干部职工、每个村大约六名村组干部，二百多号人黑压压坐满了西院。露天会，没凳子的就只能站着听。

会议主要是要落实省上和县上的整改问题排查工作方案，完成每户“两不愁三保障基本信息摸排台账”的填写。镇长常琨主持，县扶贫办主任赵琳琦主讲。

赵主任先举了两个“数据失真”的例子。“过于完美的数字，它不是真的。这是对中央的政策理解有偏差。”他继续说：

再说精准识别的问题。去年的入户大走访，几万人的队伍，不如西北大学那52个毛头小伙子、小姑娘。这些娃随便转着看了四五天，漏评户、错退户，排查出来多少问题？

一个村的一个巷道内就查出漏报了三个大病户，尿毒症、白血病、心脏病。一个老婆子，下午1点半，穿一身80年代的黄的确良衣服，从地里干活回来。浑身上下除了牙是白的，剩下全是黑的……

咱的干部弄啥哩，算群众的收入，精确到分分洋，你说可笑不可笑？咱要是一次能把工作做实了，何必有去年的大走访、今年的大排查！如果这次可是空的、虚的，不久的将来，还得再来。

为啥哩？因为中央把“脱贫”这两个字认真了！2019年，总书记就脱贫攻坚专门开了两次专题座谈会。国家抓这事不松劲，咱更不能松劲。

太阳镵火，顶头晒着。我刚用热可擦笔（会前发的，为了方便在样表上做标记）写了几个字，一会儿工夫竟然花了。台子底下有脑子灵的，提前准备了草帽。还有人把样表从中间撑开，往头上一扣。这东西厚得很，能立住，还真管用。

赵主任和一帮镇领导，坐在台子上头，他越说越激动，衬衫让脊背上的汗全溻湿了，还在不停地哑着嗓子讲。

说这是一场战役、一场战斗，一点也不为过。七个方面、30个问题，全龙池镇2627户，每村每组，要逐个建立问题清单。

但咱说，打仗凭的是啥？是智慧。咱要在一个星期内把所有的台账保质保量完成，各村要有个统筹安排。

按照赵主任安排，整个工作“三步走”：第一步分类，第二步填表，第三步入户。

关于填表，为了防止大家“怕麻烦”，赵主任专门做了解释：“其实入户前，表的95%就填完了。贫困户就不用说，资料齐得很，照着誊一遍。”“有人说这不是形式主义吗？为啥要誊？就是让你再分析，这些人有没有返贫的风险，还存在哪些问题。”“不要怕填错，填错咱可改么。这样你入户的时候，从问询式变成验证式，这效率就提高了。”

赵主任讲了将近两个小时。他结尾的时候说，陈书记常讲，那公共汽车是光能坐人呀？还可以捎货么。借着这次脱贫攻坚摸排，可以把环境卫生、扫黑除恶一块摸了。

见赵主任说得口干舌燥，常琨赶快请他去办公室休息。他摆摆手，转身扎到扶贫办干部堆里去了。

散了会，李鹏在扶贫办的那些哥、姐，几十号人，全跟着回到村上。

“扶贫办不比别的部门，还要管全县的扶贫工作哩。商量了一下，贫困户的表，帮扶干部各填各的，情况也都熟悉。非贫困户的，村上承担。”满仓给村组干部开会，说是下“动员令”，但是语气很软乎，跟央求大家差不多。谁都知道，这几天正是卖瓜的关键时候。

三明还没从会场的情绪中走出来，一个劲跟一组组长夸扶贫办赵主任讲得好。“一些个话说到人心坎上了，对待群众就要这号负责哩。咱摸着良心想，要是自己亲戚里头有那日子恓惶的，如果被漏评了，你心里头啥感受？”

李鹏却从回来就有点苦瓜脸。作为村第一书记，西边办公室那一柜子资料，哪一份他没参与整理？他最能掂量来这439份“白皮书”，到底能称多少分量，捏出多少水。

“哥，不是说减负哩么？”李鹏拉着他扶贫办一个领导，小声嘟囔。

“你碎怂娃好好听大会了没有？”领导把他头轻轻敲了一下，又在肩膀上拍了拍。

“听了。”

“鹏，走，跟哥入户走。”听见有人在门外头叫他，李鹏又急急乎乎走访去了。

24

那天我早早起来，一个人在村里乱逛。从村北头走起，我穿过一组的一片瓜地，有人刚在这儿堆了鸡粪，臭不烘烘的。往南转到六组，猛然闻到一阵阵枣花香。寻了半天，一回身，只见一面白墙外高高斜伸出几股枝，缀满黄米粒粒，蜜蜂围着嗡嗡转。

臭味和香味搅在一起。直到我站在村外的排碱渠上，鼻腔里还是这混合的味道。

村里头感觉不到，渠上没遮挡，风很大。我扯着脖子往下看，臭，而且是恶臭。破瓮、断了系的草笼、塑料袋、瓜皮瓜蔓子、旧灯笼……远远的，渠沿沿，塑料薄膜不安分地呼啦呼啦响，一个大狗撵着一个碎狗在垃圾场里乱跑。

有个嫂子骑着电动车打我旁边过，听见她说："你跑乏了不会跑慢些？"我看四下无人，正准备应声，无意间瞄见一条蓬松的、黄黄的尾巴摇来摇去，赶紧闭了嘴。

电话恰到好处地响了，是李鹏叫我去满仓家。说是书记这几天工作压力大，心里烦，几个人一起劝他想开些。

正说着，三明接了个电话，急火火要走。"援朝家正卸瓜哩，可能是跟客说高了，动了派出所。"

"人呢？现在人在哪达哩？"满仓从椅子上坐起来。

"援朝在大队部哩，说瓜铰了一地，他媳妇在地里看着。客到哪达去了我还没顾上问。"三明一向语速慢，话还没说完，满仓锁门，李鹏已经去发动车了。开车快。

三明处理这些纠纷，相当有经验。

之前听他讲过，前年村里江海试验了个新品种，花长瓜。卖种子的人承诺，这瓜在南方市场上抢手，到时候产多少都回收。瓜前期长得好很，但不知道啥缘故，到了成熟期，眼见着一个一个裂缝子。

瓜一裂，几天就臭了。江海说，他媳妇晚上哭着把裂了的瓜摘下来，偷偷拉到垃圾壕扔了，怕旁人看见笑话。

他觉着销种子的也有责任哩，就骗人家说瓜熟了，把客叫来。客一看是这，就叫他把种子袋袋拿出来，指上面的字："因为气候等原因造成的损失，概不负责。"事说不下去，江海到村上找三明去处理。

事情比较麻烦，但在自己的地盘，肯定先要数落自己的人。

三明说江海：人家这种子在其他地方也有种的，没有裂瓜，咱这是啥原因造成的还要进一步查。真的要打官司，咱不一定能赢。

再劝人家客：农民也不容易，作务了一整，风险咱都担些，瞎（读作哈）好对人心理是个安慰么。

最后那客一亩地给补了七八百块钱，再加上那年瓜价好，江海基本上能拾住头。

这援朝当过二组的小组长。只是近两年组里的瓜仓子老被烧，村民成立了巡逻队都没有逮到人，也就没人愿意再当这个组长了，老挨骂。组长现在是爱玲暂时兼着。

上回见援朝，是他正在给村里过喜事的人家主事，意气风发。和这次见，判若两人。他坐在村委会，捏着草帽檐不停地转来转去，嘴角、手都略略发抖。

这两天瓜明显在掉价，人都想赶紧卖瓜哩，谁还能专门寻事呀。就是装瓜的时候，客叫来那验瓜的有些苛刻，我自家屋里一个叔看不过眼，多说了几句。

我一看两边越吵越厉害，就过去把人都拉了一下，叫不要再吵了。那验瓜的说我打他了，给派出所报警。

派出所的人刚到地里去，问那边两个司机、两个码瓜的，还有一个贴商标的，我到底打人了没有，有两个说，我打了。那验瓜的又说，我把他拥了几锤，他现在头晕很。

你们都知道，我在咱村里收自来水费哩，咱也当过干部，能是那没素质的人？再说，我把他打了，他劲还能鼓得那么大？派出所的人一看说不清，就叫都到所里去。那验瓜的把车一开，跟上去了。

现在瓜已经铰了几万斤，把我搁到派出所回不来咋办呀？瓜非得晒坏不可。看村上能不能跟派出所协调一下，叫我把瓜先卖了再去。

一会会儿，援朝媳妇急乎乎也来了，一屁股嵌到沙发里。跟援朝的文气（他常戴个眼镜）形成鲜明对比，这嫂子生得四肢健壮、皮肤黝黑，说话也是粗嗓门。那顶装饰着大花的夏凉帽，被她一把扯下来，攥在手里。

“不到派出所去，咱没打人就是没打。我也有证人哩，雇的那大荔来的卸瓜队能证明。现在他愿意装，继续装；不愿意装，就是把车上的瓜卸下来都行，我再寻买主。”

三明已经给派出所打了电话。满仓被李鹏急急叫走，去处理脱贫攻坚排查出的问题。

“援朝，现在是这，你俩还是到派出所去一趟。到了所里好好说，不要吵不要闹。我刚把情况也给说了，你去再表个态，哪怕把瓜装了说事都能行。对不对？”三明劝援朝。

援朝站起往出走。“只要村上管这事我就放心了。”援朝媳妇骑电摩把他一驮，到镇上去了。

援朝的事基本解决了，三明有时间坐到那儿发感慨。

唉，一天看着孙书记艰难得。我俩成天谝哩，村“两委”要早早把接班人给村上选下。但是各村可能都是这，发展后备干部困难。

30多岁的娃，选不下。能行的，人家忙着闯他的事业哩；中不溜的，孙书记试过两个，逮不了笔，叫起草个购销合同语句不通；不行行的，一天光赌博、烧毛子，卖瓜挣一点钱分期买路虎，村上的事哪敢交给这些个？

现在看，他还得撑着，慢慢再物色合适的年轻人。

25

脱贫攻坚问题排查，村上整整搞了一个多星期。要填表，村组干部，除了满仓今年没敢种瓜（没时间管），家家都有。要入户走访，不用说，群众白天也根本逮不住人。正是到了最忙的时候。

满仓只能全村总动员，雇来四五个能识文断字的老汉，每天坐到会议室填表。村妇联主席爱玲有时推着孙子娃，也来帮忙。天一黑，陆续有组上的干部来领表，到户里去走访。

作为村上最年轻的干部，李鹏负责最后的汇总。

这一次排查出的问题主要是，有四户没有交合疗，再是孙百万家的住房问题。还有孙进理的移民搬迁房在县上哩，但最近忙着卖瓜，暂时没住进去。

说到这合疗，还有个惊险的事。前年，郝发兴每天晚上把李鹏的电话都能打爆。他父子俩常年在外头打工哩，娃得了肺结核，但他家没交合疗，问能不能赶紧补。

李鹏给县合疗办他一个伙计打电话，本来想说，这家人可怜，看能不能通融通融。但人家反问他：“哪达有不得病不交，得了病才想起补交合疗的道理？如果这口子敢开，那对人家按时交纳合疗的群众太不公平了。”

李鹏碰了一鼻子灰，没办法，他只能试试运气，问到上一任村医福康跟前。惊喜得太，福康没言传替郝发兴交了！

孙百万那一家比较特殊。之前是建档立卡贫困户，他爸爱打麻将，欠了村里人好多钱，后来举家到新疆去了。走之前，连房子带家具全卖了。

去年10月份，这一家子又全部回村，租住在别人家的房子里。但是贫困户动态调整已经结束，所以新增了这一户，他申请宅基地盖房，而且手上没钱。孙百万最近老跑来问，李鹏给回复，村上已经向住建局报了，正在解决。

26

在重泉村，还有两个机构，一个叫“立学西甜瓜合作社”，一个叫“立学瓜菜协会”。其实是两个牌子，一套人马。负责人叫孙立学。

前不久，他的瓜菜协会，投中“2018年省级福利彩票公益金购买社会组织服务项目”，还办了一场隆重的启动仪式。

一大早，他穿着件红衬衫，外搭深蓝色西装，系了一条比西装更蓝更亮的领带，一个人在会场张罗。

之前他在村里租了别人几间房，合作社、协会的牌子都挂在那边，办公也在那边。今年他把东西挪回自己屋里，他说这样一年能省三四千块钱。

他这房子盖得有年代了，白瓷砖有些旧。门也不像村里大多数人家那样是气派的朱红漆大铁门，他家的门是两扇木门。

但横幅绷上，花篮往两边一摆，很有些过喜事的模样。花篮是县农业农村局前几天送的，庆贺他的合作社党支部成立。

门口的土路，立学端着脸盆转圈圈洒了一遍水。他又跑进去，重新检查了一遍桌签。渭南市民政局、蒲城县民政局、蒲城县农业农村局、蒲城县科协……七个领导，位次没乱。就是桌子稍微有些高低不平，他赶紧寻了块红绸子铺上。

为了赶时髦，他还弄了一面签名墙。“你看我准备的这东西咋样？”我点了点头，他紧张的神情才有了那么一点点缓和。自从我进门，他总共跟我说了两句话，其中一句是：“你坐啊，我给你倒水。”但最后他也忘了倒。

过了好久，零零星星来了几个老年人，围着去瞅桌子上一个装着根结线虫的大玻璃瓶。这是省生物农业研究所的专家张锋带来的，今天他受邀来讲课。

立学他邻家润莲指着瓶子说，就是因为这根结线虫，去年她家的瓜绝收。“这几年主要就是这病，药打下去不顶事么，蔓死得凶太太。不怕说立学是职业农民哩，人家懂得还是多，就知道咱需要啥。一下我要站到最前头听。”

门口突然热闹起来，说是市上跟县上的领导来了。村里的退休干部孙存虎是合作社党支部书记，他带着合作社成员孙强、孙高升、孙进尧，招呼来的村民签到。立学跟他几个从外地来的职业农民同学，招呼领导、专家入座。

一时锣鼓声、鞭炮声，盖住了人声。好不容易都落了座，立学拿个大话筒，对着讲稿念道：“感谢各位领导，在万忙之中……”他激动地说完，然后邀请渭南市民政局社会组织管理科科长宋卫玲讲话。

立学瓜菜协会，是今年咱蒲城县唯一中标的一家社会组织，也是特殊的一家。其他都是医院、技能培训学校、助残协会等等，这些公益性质的组织。只有咱是做产业的，设施瓜菜高效栽培技术推广。

这释放了个啥信号呢？福彩项目，在向支持农业精准扶贫方面做倾斜。

希望咱立学瓜菜协会，作为一个有责任担当的社会组织，用好这10万元资金。像标书中写的那样，做好水肥一体化、“双减”技术推广，对贫困户进行物资帮扶，让技术属于所有想掌握技术的人。

立学站到那儿，每个领导说完，他都使劲鼓掌，手也不乏。

张锋教授和立学是老熟人了，来村上讲过好几回课。这次他带了课件，但立学家没有播放的设备，张锋教授索性把人都引到地里，现场教学，主讲“根结线虫防治”。

他说，根结线虫繁殖能力极强，一个棚里有了，可能传染一大片。它通过机械、农具，甚至是人鞋底下沾的土，都能达到扩散。

根治根结线虫病最好的办法，就是倒茬。西瓜地换着种葱、蒜这些作物，土壤改良了以后再种瓜。还可以利用夏季高温，深翻土壤，密闭棚室。温度达到40摄氏度以上，虫就会被热死。

但瓜农现在都不舍得让地闲着。那就施用菌肥，经济、有效，也安全。按目前的研究，阿维菌素的防治效果比较好。“你就逮着药管子，对着根部一个个喷。渗水时加进去，药效就会差很多。”

“大大妈妈，种得少了还罢了，种上几十亩，这喷到几时去呀？”有人咽了口唾沫，拧着眉头发熬煎。

“那你要治病哩，还嫌麻烦？”润莲瞪了那小伙一眼。小伙吐了吐舌头，转身去领基质（西瓜的底肥）。

“不要抢，排队，人人都有。”立学站在三轮车头里，一遍一遍吼。但人群还是闹闹哄哄，领到的人骑上电动车一溜烟走了，没领着的还在向前挤……

到重泉来之后，我统共见过立学两三回。每次约，不是职业农民培训，就是助残的项目，他天南海北地跑。

立学算是我在重泉认识的第一个人，那会儿我还没来驻村。当时国家十一部委发通知，联合开展农民专业合作社“空壳社”专项清理工作。我在蒲城各乡镇跑，想了解点真实情况。

到了桥陵镇（蒲城有五陵：桥陵、景陵、光陵、泰陵和惠陵，分别埋着唐朝五位皇帝），遇着东场村党支部书记王春牛，听他讲，有些合作社打着发展农业的旗号，走的是地下钱庄的道。

“农民专业合作社水平参差不齐，在引领农村经济发展方面还是劲不够。能像龙池孙立学那样，豁出命吃住干合作社的人，真不多。”他说。

后来到好几个地儿，都听到有人提起立学。我有点迫不及待，希望能见见。

头次见面在2月间，天刮着大风。我记得他穿件枣红羽绒服，手里提个布袋子，到达约定地点很准时。

我年轻那阵，心热，爱在外头跑，也爱给人帮个小忙。

二十来岁，跑到西安习武园，给平头、五更、五四好几个村的人捎西瓜种子，香港引进来的，蒲城县买不到。押着大车到康复路给村里卖瓜，一斤比地头多卖一毛七分钱，把我高兴得给人家送了个锦旗。

村里的瓜越种越多，我发现，大家最难场的，就是钱，投资的钱。我跑遍了中、农、建、工几大银行，嘴上都说支持农业支持农业，但没有一个搭实家伙的。

人家说，要贷款，必须要担保。要公务员或事业单位、国有企业工作的人担保。城里头还要有房产。咱农民，有几个能寻下这号担保人，又哪有钱买得起商品房?

但钱最后还是贷下了。从县城回龙池的公交车上，我旁边坐了个人，我就跟他谝闲传。谝着谝着，顺手从袋袋里摸了两个橘子叫他吃。

没想到，这人就是邮政储蓄银行派驻龙池镇的信贷员。可能是觉得我实诚，也是邮政刚到蒲城，急需拓展业务，他把我认下。当年就以三户联保的形式，帮我村上一些瓜农一家贷了1万块钱。

从2007年到2015年，头一年10月份贷（人开始大量投资了），第二年6月还，我总共帮村上人介绍贷款350万元。

所以说，人要善良哩，你是啥人，出门就能遇到啥人。

要说那几年，立学的事还干得比较顺。2012年，他的事业达到一个小高峰，蒲城县立学西甜瓜专业合作社成立了。为了讨个彩头，他把会员的人数刚好控制在101个。

“百里挑一嘛。”

立学说，合作社虽然是民营的，但是它也是最小的民间正规机构。

按他的想法，成立了合作社，大家统一生产、统一技术、统一销售。这样，重泉村的瓜，就不止比其他地方多卖1毛钱，可能还能挣更多。

但村民的事，哪有那么好弄的？光是一个西瓜品种，这个想种这，那个想种那，最后统一了60%。

27

三明跟立学从小玩到大，关系铁很。那年风灾，立学开着蹦蹦车，转乡给瓜农送苗子。电视台来采访这个合作社带头人，三明还蹭到跟前，自拍了两张照片。

三明叹气说，立学之所以后来走了下坡路，就是因为他太菩萨心肠，不管啥人都帮。

村里有个村民，是出了名的没信誉的人。买化肥两年多不结账，农资店去要，他反倒讹人家说，肥把他的瓜上瞎了，得给他赔。村里就没人敢跟那人打交道。

立学认为不能一下把人看死了，人危难处帮一把，说不定他就变好了。结果哩，给担保下几万块钱赖着不还，立学每个月还得给银行清息。后来他再去给人家要钱，人家差一点叫人打他。

据三明说，在村里，像那号人，还有好几家。“人欠他，不给他还；他欠银行的，还不起。立学没钱失了信誉，资金链一断，村里人谁还跟他牵扯？”

立学抱着拳说，三明是村里少数向着他的人。好多人在背后骂他“神经病”，要不然就说他游手好闲，成天搞那些没边的事，结果把自己屋里弄得稀烂。

但在外面不一样。“渭南市农业科学研究所为了支持我，把‘双减’试验放在咱合作社；县科协、县民政局认可合作社在科普行动中所做的贡献；知道我在银行有逾期，各县的职业农民同学，主动借钱给我壮大合作社……”

立学伸出手指头来数，数着数着他哭了。立学式的哭，就像是一汪挡也挡不住、直直要往出涌的泉，带着呜咽，有点悲壮。

立学说，这么多年了，就是应该流点眼泪。

见不着立学，他媳妇红茹我倒是常见。

只是每次遇着，她要么刚从瓜棚钻出来，弄得鼻子窟窿都是黑；要么半后晌人都热得进不了地，她电动车前头挂个塑料桶，就跑去给瓜地渗水。感觉她像个永动机，一刻都不歇。

立学和三明是老伙计，红茹和小利是铁杆。一个村里的女子，一样性情豪爽，有啥说啥。细看起来，小利更苗条，她爱跳广场舞；红茹晒得更黑，但她有两个酒窝。

“别人也跑事哩，都先顾着把屋里的活弄完。但我这一口子，就不爱做地里活。村里人说怪我，他这么懒，都是我惯下的。他不干的，我就给干了。”红茹说。

“有一回轮到晚上渗水，我去敲我大大（叔）的门，叫他打着矿灯给我看水。咱那片地离乱葬坟近，晚上一个人在地里，真正害怕……”

我没想到，平常红茹像男人一样的性格，她眼睛里会突然有眼泪花花。

红茹沉默了好长时间，长得我已经把她家的房子拿眼睛看了很多遍。立学办启动仪式的时候，人都在前屋。二门子一关，里面看不见。其实里头的布局很简单，一间卧房，一间灶房。有一个旱厕，在后门外。

前面办公室里，有一套凉椅，墙角蹲个文件柜。如果我没记错，还有个半新不旧的茶具。相比之下，后面卧房的家具要老旧一些。那个大立柜，看样式，恐怕和他们大学毕业的女子年岁差不多。房子里头也没咋粉刷，顶上只简单装了个节能灯。

怪不得有一回李鹏急了，说立学要是再这么弄下去，就该给他扶贫了。

“立学就是想当陈文仓、代崇化哩，结果没学会走就想跑。”

“立学办那合作社，到底是帮大家买东西哩么，还是帮大家销东西哩么？就不知道都弄了些啥名堂。”

“立学在外头跑事，一年也花不少钱。一个农民，不种地，没有固定收入，哪达有这号弄哩？”

这些，都是各处听说的。

陈文仓和代崇化，在龙池地界，这俩都是传奇人物。据媒体报道，陈文仓是龙池最早办瓜果合作社的，也是最早大胆进行棚体改革，把农业科学技术运用到生产实践中的农民。代崇化在龙池，也几乎无人不知。2018年，作为“农掌门”创始人，他带着“互联网+农业”的项目，登上央视财经频道《创业英雄汇》，成功融资1000万。

别人的话，立学肯定能听到一些，但他仿佛并不在意，依旧在跑他的事，甚至比往年跑得更欢。来找他的人也越来越多。他常常会给我发些在外边参加活动的照片，总是一群人，他站在里边，咧着嘴笑。

有时候会没有缘由，突然发来一段话。“善良，是一个人身上最好的风水，是世界上最美的成全……一个人的善良里，藏着他的运气，在不可预知的未来，你所积攒的福报，往往会给你带来意外之喜。”

偶尔会有些错别字。

第二部

28

三明姓张，小利姓梁。

要说这梁姓，可是重泉村里的大姓。六个村民小组，439户，1818口人，四大姓氏——孙、梁、郝、贾，梁姓排第二位。

为啥不见张姓呢？因为张姓是华阴过来的移民，上年纪的人叫他们“新社员”。最初，这些移民还有个绰号，叫“华阴板板”，大概意思是说，人情往来比较吝啬，过日子抠，略微有点嘲讽的意味。

按三明的说法，移民因从三门峡库区到这儿，刚开始都是借住在当地人的房子里，后来慢慢有了庄基，才搞得盖起些房房，能容身。他家和小利家，后墙对着后墙，算是邻家。

三明和小利她哥相熟，是精尻子玩大的交情。

那时候小利她爸在外头工作，家里日子强，而三明家却是重泉村最烂的。三明跟小利她哥好，但他不敢到小利家里去，因为小利她妈最见不得他，叫他“二流子”。这个厉害的家长，见到三明和小利她哥在一起玩，咋都要把两人撕扯开，害怕她娃叫三明给带瞎了。

小利她妈，一个头发几乎全白的老人。因为常年种瓜，跟村里其他同龄人一样，框着两条严重变形的腿，走路左摇右摆。老太太一辈子刚强，但就是没拗住小女儿的婚姻。

小利和三明的那场私奔，把曾经的重泉村都能砸出个大窟窿。

小利高中毕业没考上大学，跟大多数人一样，卷了铺盖回来务农。那时候人都结婚早，小利她舅在自己村上给她说下个对象，她也跟那男娃照了相。“但不知道为啥，我就是不愿意了，想退亲。”

她舅吓唬她说：“彩礼是200块钱，你要是能借下这200块，你就退。”

小利还真的出去到村里借了200块钱回来。她舅坐在炕楞上，一拍大腿就号啕大哭。“都是关系好的才说下的媒，这下叫我咋给人家交代呀么？”为这，小利她舅和男方他爸到现在都不说话。

“村里人说，我是和三明好了才跟人家退婚的。放屁！三明他那时候连我想都不敢想。”一说起这，小利就有气。那小利最后为啥鬼使神差地跟三明跑了？有几回，小利也跟别人说起过。

咱这达说对象，都是论，噢，人家那娃是木匠、泥水匠，好像这就是选好女婿的标准。结了婚了，妇女们坐在门口，纳个鞋垫绣个花。从小到大，我最鄙视的就是这。

我宁愿嫁给张三明那样的“二流子”，也不嫁给老实疙瘩，这就是我的主意！

凭着那点子冲动，这胆大的碎女子非得要做出点“离经叛道”的事给世人看看！

我把他能吓死，我追的他。

有一天，我把他叫到我屋里，给他说：“我给你说个（对）象。”“人呢么？在你屋里就没寻见么。”

“我这么大的人，你看不见？”

把他吓得，脸一下红了，赶紧跑了。

后面的事，村里人也就都知道了。三明和小利谈恋爱，小利她妈坚决反对，小利就把她妈的箱子撬了，偷了500块钱，跑了。还撂下一句：“我往后住羊房房都不用你管！”

结婚后，小利住的地方比羊房房强不了多少。窄卡的庄子，总共就两间烂房房。下雨的时候，人都不敢出去上厕所，害怕本来就斜得不像样子的土墙突然塌了，把人压到底下咋办？

但她也没看错人，三明跟她一样，胆子正。小利她姐在铜川教书，小利吵轰着要投奔过去做生意。三明二话不说，收拾好家伙什就走。他有一门蒸甑糕的手艺。

说起这甑糕，可是渭北旱原上极其受人喜爱的一道美食。直到现在，每天清早，几乎各个村子，都能相继听到或深沉或嘹亮的叫卖声：“甑糕……蜜枣甑糕……”声音悠长绵软，热乎乎的。

重泉村的柱娃老汉，现在还操着蒸甑糕这门营生。清早早起，他就骑个三轮车车，驮着用棉被包得严严实实的甑糕锅锅，走村串巷，好多时候直接骑到地头。人早早都进棚了，不到地里逮不住人么。他讲——

这蒸甑糕，要后晌五六点开始泡米。泡够四五个小时，米拿手一捻，能搓开。把米倒盆里，用铲子拨平。

倒水，一次性加够，水高出一手背，软硬刚好。打火，汽圆半个小时后停。

往甑糕锅的箅子上摆枣，一层米，一层枣……一边摆一边汽就上来了。如果汽上不来，这一晚上都上不来。从先一晚上蒸到第二天卖，中间不能停火。盘的泥炉子，用核核炭焐着。

闷小火。甑糕锅没有底，锅底不见火，是个土疙瘩。火在一圈圈，水下去不会那么快。“好甑糕，卖到底，最后一碗都是热的。”老汉说。

三明在铜川卖了几年甑糕，生意还不错。但他最终还是回来种瓜，他舍不下屋里的人。

29

有一年二三月里，三明回来进（买）枣，看见他大在院里晒肚子。问咋了，他大说肚子疼哩。三明急了，到五更村他姐家，“走，给大看一下走。”他姐问：“咋个看呀？”

说的，其实就是个钱的事。

三明把队长一叫，弟兄几个坐在一块说这事。发子（当时的小队长）说：“你弟兄两个忙，把钱给老三（三明），一家出300块钱。”

第二天，三明他姐扶着他大在学校（现在的村委会）门口等班车，到县城去。一天只有两趟班车，错过了不得回来，但老二家门始终叫不开。“老大媳妇有病哩，人能理解，可……”

在医院候下结果，找熟人给看。“娃，你弟兄们日子都咋样？这病，有钱的人，权当拿钱行孝哩。”

三明妈说，不看了。三明说，不看是不孝顺。

“不管屋里再烂，父母的家永远是孩子的家，但是孩子的家不是父母的家。”时隔多年，三明再回想起这件事，难过地说了这么一句话。

三明他大过世，他和小利回来再不准备出去了。这时候，传统的棉花、苞谷、麦越种越少，大棚瓜在重泉慢慢成了气候。村里人也盖得起洋楼、买得起小车，能把娃送到城里念书了！

“唉，看起来富了，其实是拿人肉换猪肉哩！”小利说，“人家刮风下雨往屋里跑，我们这儿人贼眉土眼往地里跑哩，做啥？压风眼，害怕棚起来了把瓜苗吹得拧绳绳。我26岁有娃那一年，风刮了三天三夜，一地飘白絮，惨得太太。”

三明说，小利这些年把罪受扎了，娃出生，屋里连自来水都没有，天天从对门接水。月子里没人伺候，落下月子病，说话一激动就流眼泪水。

“把你那鼻流涎水的，给，先擦下。”

小利一把夺过三明递来的卫生纸，使劲擤了擤鼻涕，说：“反正我当年就是让你怂穿的那一身牛仔服给骗了！但我现在没当上鸡头，也没当鸡尾巴梢梢……”

30

村里的老人说，夫妻自有夫妻相。这是因为很多两口子在一起生活久了，保持相同的思维模式，练就相似的表情，甚至于拉近相当的语速，待人接物也越来越像。

自始至终，我没能在村上见到伟伟，不知道他和慧子到底有没有“夫妻相”。但从村妇联主席爱玲的叙述中猜测，这一定是有夫妻相的一对。

据村里人说，当年，伟伟他妈跟他爷弄不到一块去，他爸人又不行行，他妈就跟邻家招的上门女婿跑到河南去了，再没回来。

伟伟跟他姐敏敏念不起书，没人供。尽管敏敏学习非常好，但也小小的就嫁了人。

“娃在村里种瓜，有些人瞎（坏）得不让娃用水。伟伟和他姐夫，只能拿桶子提，一窝一窝浇。”村妇联主席爱玲跟我讲，“伟伟老觉着，他那么小，妈把自己遗弃了，在人面前抬不起头。之前来我屋借钱，拿了一条烟。我生气了，让拿回去，一条烟百十来块钱哩。”

“娃，你以后借谁的钱，都不要给他拿东西，你可怜。借信用社的钱也是这，给他还利息，但是不给他拿东西。”看着和自己娃一样大的伟伟，爱玲心疼得不得了。

长大后，伟伟出去打工，引回来过两回对象，人家都没有看上他屋里。第三回引回来慧子，爱玲竖着大拇指说：“汉中女子，娃真不错，好媳妇。”

他家的房实在太破旧了，伟伟他们回来已经住不成人，村里就申请“书记工程”给他们盖了一间房。这小两口却不住，硬是让他爸住进去，他们在房后头用泡沫板搭了一间房子，一住好几年。

听慧子说，伟伟在工厂里打工，有时候一个月能回来一回，有时候时间更长。她要照看女子悦悦和她的老公公，出不了门。她就常年给三明家帮工，一个小时挣12块钱，够屋里零花。

农村人大多心地善，总是很爱护比自己条件更差的人，尤其是晚辈。这不，慧子在三明家干活，早上起来三明两口子吃啥给她吃啥，工钱都是往上凑整数。

悦悦上小学一年级，住在托管班。家里有拖累，慧子说，只好让娃能独立尽早独立。

但每到星期天悦悦回来，慧子不管咋都要陪着她。如果遇到活实在忙得不行，就把她带到瓜地去，教育她：“以后不好好念书，就钻瓜棚干活。”

这一家四口，两个青壮劳力，伟伟在外打工，慧子在村里干活。这个曾经贫而又苦的家庭，把贫困户的帽子早早摘了，而且返贫概率很小。

那天我去他家，伟伟不在。尽管房子很小，但被慧子收拾得整整齐齐，墙上贴着墙纸，桌子上摆着时令水果。

这让第一书记李鹏又有了说话根据，他在村里搞扶贫，嘴里常说一句话：“啧，只要让我的贫困户娶上媳妇，瞅着呀，很快就脱贫了！”

李鹏常常念叨的是另外两户“光棍”：一个叫金友，小时候被拖拉机撞过，脑子受了伤。他心里清白，这一辈子，他都不可能像正常人一样，娶妻生子。于是，他就在家里贴了很多“喜”字，把这当成一种寄托。

另一个是熙熙。熙熙见女扶贫干部到家里去就特别激动，有人讽刺他像孔雀要开屏。

其实，在乡村，家有媳妇、有娃，这些贫困户可能就有了精气神。有了脱贫的动力，也就会演绎出更多跟伟伟、慧子一样的奋斗故事。

31

“关中八大怪”中有一怪：“姑娘不对外。”通俗的理解是，八百里秦川风调雨顺、物产丰富，好女子不愿意远嫁。

就说重泉，从村西头往东数，村里的会计孙德明、村支书孙满仓、治保主任张三明、办农民专业合作社的孙立学，娶的都是本村的女子。当然，这肯定是不完全统计。

就是没娶本村的，大多数也是和城南、五四、碾城、车杜这些村小范围“交流”。爱玲就是车杜的女，高中文化，当过村请教师。嫁到重泉后，干上妇女主任，今年是第33年。

用她的话总结：“一路陪了八九任村支书，现在连称呼都变洋活，成了妇联主席。任务也变了，不用黑漆半夜到处逮人刮宫流产了。”

爱玲分管着民政、计生、妇联、蒲馨超市好几摊摊事，但她最留心的，还是村里小伙子娶媳妇的事。“你再说留守妇女、留守儿童，人家最起码还有媳妇有娃哩么。”

老早里是说（对）象哩，人就那么大个交往范围，都是知根知底的才寻哩。现在社会发达了，娃娃上学、打工，都跑出去了，在外头自己谈。

但这说的是那些个有本事的男娃，能把媳妇领回来。女娃不用说，除非特殊情况，现在农村谁家的女子能剩下？

现在找对象流行的说法，是“要车要房，父母双亡”。就说没有父母，往后谁给你碎怂看娃哩么？

特别是咱这达，彩礼尤其要得可憎！一个女子，长得咋不咋，张口彩礼就是10万往上。所以女娃值钱，就像养个金串串。你看医院里二胎生下女娃的，都高兴得太太。再是生下第二个小子的，都愁眉苦脸。

国家也管彩礼的事哩，不让要那么高。但是不要可以，人家不跟你定日子，不让你领人，你能咋办？

也是的，咱瓜区比起人家其他地方，确实苦重。现在的娃金贵，谁家娘家妈能舍得她娃来受这苦？

其实在咱村里，谁家问下媳妇不心疼？只要两口子好好的，出去打工也行，在屋也行，老婆老汉给把地一种，娃一看，洒脱得跟啥一样。

“瞎好个女娃都不想在屋里待，外头的女子又不好好往过嫁。”据爱玲讲，光他们二组，25岁到30岁之间的，就有七个光棍。“就这，一个个，问不下媳妇，结了的还离哩，能把人气死。”

爱玲说，光棍一多，骗婚的也多。邻村就有，结了婚在男方屋里住了一晚上，还是跟他妹子住的，后来就再也寻不见人了。彩礼不用退，继续寻下家，再骗。“嫁个男的挣几万，这不是破坏社会道德哩么！”

32

德德就是爱玲所说的“结了又离，能把人气死”中的一个，这几年真成了村里的“老大难”。

德德大名叫贾双德，今年39了，但他看上去比实际年龄要小些。跟他爸相跟到地里去，德德穿了一双枣红颜色的运动鞋，新个崭崭，连一点儿土都没带。

“你这号摆瓜蔓不行。”

“爸，你不用管，这几棚是我务哩嘛。”

海田老汉只是摇头，没说啥，弯下腰就手开始掰脚跟前的芽子。前几年，海田老汉挣扎着给德德跟他弟都成了家。但弄不清为啥，德德结婚一年就离了，而且到现在也没有成家的意思。

其实德德自己也说不清。

他2008年结过一次婚。一年后，她走了，带走了他所有的财产。6万块钱的彩礼，也不归还。

后来他又谈过一个，是让他动心的那种。但女娃她妈说：“我女子要是敢嫁给你，我就喝农药。”在亲情和爱情面前，女娃选择了她妈。所以德德常说，那是他遇到过的最好的一个女娃。

“女方父母都想给娃找一个条件好的。你再说爱她娃，还是以死相逼。”但后来让德德想不通的是，为啥这种事，老能让他遇上？

他有个表哥，在老挝拉瓜，叫他过去，说那边的女娃好。村里人也劝他出去打工，不为别的，能寻个媳妇。但他不想去。“心淡了，不愿意考虑婚姻的事。我父母年龄大了，我要留下照顾他们。”他说。

比起德德，刚刚还好，有个娜娜。

刚刚骑个摩托车，从村东头呼啸而来。才30出头，黑红的肤色，都快赶上村里有“黑非洲”之称的孙进尧了。当然这也不稀奇，村里无论男女，种瓜的谁不是这副眉眼？

娜娜正半蹲着在门口拉屎，瞅见她爸回来了，裤子也不提，就站起来，大声喊叫：“爸爸，我尻子疼哩。”刚刚没搭理娜娜，端直进门拿东西，他知道他妈路水花会善后的。

“叫你婆把你带到卫生所看一下去。”刚刚说着，骑上车又呼啸着走了。

娜娜长到七岁，路水花当的不是婆，是妈。

当时，刚刚他们没领结婚证，给了十来万元的彩礼。娃刚10天，媳妇就走了，再没回来过。听人说嫁了一家又走了，现在也不知道走到哪达去了。

“刚刚他爸脑子有毛病哩，干不成啥，这一家子就靠刚刚一个。多亏还享受着低保，国家给扶贫哩，看病啥的不太用花钱。”

“我不识字，娜娜的作业，我只能是盯着看她写完。这娃聪明得很，那手机，我不会用，她能给她爸打电话。女娃也不太费事，我在会上（龙池镇五天一次集）10块钱给买一条裤子，能穿好长时间。”

路水花絮絮叨叨述说着这些年遭的事，娜娜就在旁边大声学。路水花气急了，朝着娜娜屁股上扇了几下，娜娜张着嘴开始号。

娜娜一哭，路水花也难过起来。她想起了娜娜她姑，那个在西安监狱服刑的女子。

我女子嫁到了车杜。娃可怜得没有地，跟女婿在远处包地，渭南管的地方。

2017年端午节的时候出的事。刚刚接到车杜村里人的电话，说他姐捅下烂子了。

我女子在男方屋里，蒸馍做啥都是她干。女婿做啥是不行行，但他俩一向都不闹事的。不知道为啥叨叨了几句，刀捅到动脉上……

亲家公通情，说：“我把儿子没了，叫我孙子不能没妈！”我们一起带娃到西安看过他妈两回。一次见面只能说10分钟话，娘儿们一见，哭得就不行。

女子一直说：“妈，我对不起你。”

刚刚在旁边说他姐：“好我的姐哩，我哪怕再没钱，也不能亏你。”一次去给500块钱。

判了四年刑，到这个端午节满满两年。人家说她在里面表现好，还能减刑。

刚刚骑车，在路上碰见孙强和他的贵州媳妇。虽然在地里弄得满身土，但两个人还是手拉手相跟上往回走。

看见人来了，迅速地脱开手保持距离。人走了，又继续嬉笑打闹。强强不高，可搂着他娇小的媳妇正好。

“做夫妻是天大的事。”村口甲斗渠上，三明他丈母眯着眼睛，看了一眼跟她说话的秀贤嫂子，“噢”了一声，再没言传。

33

在重泉村里，有这么一家，挺特殊。

老爷子今年79了，是龙阳信用社的退休干部。我叫他忠伯。五个儿子俩闺女，全在外头干事，有消防部门的、保险公司的、统计局的。还有个孙女，在韩国留学，听说是搞乐器的。

其实这些都无甚稀奇。翻翻现如今城里人的家庭档案，许多都是这样的“进化”路径。农村如同城市的母体，一路孕育、养育、护佑、供给，直到成熟独立。倒过来，城市又在反哺。

村里人真正稀奇的，是他的“夕阳婚”。但也都是背地里讨论，这“保姆式婚姻”如何如何。有羡慕的，也有担忧的。却没几个说得清，老两口到底是咋过日子的。

大中午，俩老人正在灶户，一个往锅底下添柴火，另一个在锅上搭馍。烟跑得满房子都是，熏眼睛。淑姨亲热地把我往客厅让。

忠伯跟进来取茶叶。“娃买下的，600块钱一斤，喝。你俩坐着，我给咱看锅去。”

“锅底下不敢再添柴啦。”见忠伯出去，淑姨笑着说，“老汉年轻时在抽水站开80马力的柴油机，把耳朵震坏了。”

淑姨个子挺高，中型身材，穿着一件棉布短袖，黑裤子黑鞋，齐齐整整，朴朴素素。再往脸上瞧，面若银盘，浓眉大眼。一头利落的短发，染得乌黑。

我是去年冬里来的。这屋里娃他妈走了以后，老汉自己还寻了一个老婆，现在到渭南给她孙子做饭去了。几个娃看他大一个人在屋里不行，寻下我。

我今年72了，屋里是党睦的。我掌柜的老（去世）那年，我才60。村里多少人把我围了，要给说（对）象，我没同意，当时转不过那弯子。在梨树园正做活哩，就想起他在的时候，勤勤得太，啥都舍不得让我做，眼泪掉得刷刷的。

后来是掌柜的一个学生给我说，他观察了孙镇一个老汉好几年，人好很。我们在县上见了个面，人家看上我了，打电话叫过去。我在那家待了三年多。

我屋里穷得很，门口三间房烂得不像啥。掌柜的在时把砖拉下，但他一直得病，没盖成。孙镇那老汉，人家添钱给我盖了一座房。

那家娃娃对我也好。他大后来查出来肺癌，娃娃们都不让我伺候，说我有果园哩，让我回去卖梨。到现在他大都不在好几年了，八月十五、过年，我们都还来往哩。

这寻人（老人找对象）首先儿女一定要同意，进了门人不受气。我邻家村那人一个劲缠我哩，人家媳妇不同意。幸亏我没愿意他，我后来听人说，他另找了个老婆，在屋里待了几天，被两个媳妇撵走了。

这家几个娃也都好。老汉人也好，勤勤，我两个人脾气相投。

估计馍蒸得差不多了，忠伯进来叫淑姨。

“你坐到那儿歇个下。”淑姨声音大得像吵架。

“啥？”忠伯还是没听清。

“歇个下。”

“噢。”忠伯把声音拖得很长。

他坐在沙发上，大约也听不清我问啥，高兴地自己讲了起来。

儿女全有工作哩，现在过得都差不多。一家一个车，奥迪、宝马，都是五六十万。我不花他们的钱，一个月3000块钱退休工资，花不完。

孙子是我看大的，离我心近很。去年冬天，孙子回来转，看我一个在屋里，回去给他爸说："天冷得跟啥一样，你都在暖气房里，把我爷冻得。"娃娃说要在县上给我买房，我不去，在我自己屋里多自在。

娃给张罗哩，说他那一个姨走了，要重给我寻个人，在屋里照看。有一个县上的，68了，年轻，穿得也阔。见完面都上车了，人家又从车上下来。给我塞了个塑料袋，里头装了10个橘子。

人家不明说，叫你想去，意思是她十足满意。我说这还有意思。但我不敢要，嫌太年轻，怕守不住。再是他妈就是68走的，咱心里有些不美。

寻下他这姨。人干净卫生，切的豆腐块像豇豆大，四方四棱的。干得确实好。

头一个干得也好，在这儿待了11年，走的时候哭哩。我说她，你没听电视上讲么："二房老婆两扇门，管得再好劲不浑，迟早要离开这大门。"你给孙子做饭，等你老了娃要埋你哩。这儿不负责那事，一年工资1万块钱，再就是能管个吃穿。

她给我说："你等我三年，先别找人，雇个做饭的，晚上不要让在这儿住。”我说那不可能么，我再能活几天，能不能等得住还两说哩。

“老汉眼头高得太太，挑了十四五个才挑下我。他老四黑了到我屋来，说寻得比上一个还要更强哩，要不然人笑话。”淑姨一边给我挤眼睛，一边把蒸好的包子端进来，一个一个摆到案上。

“你再做几个菜么，屋里来客人了，光吃包子还能行？”到晌午饭时了，忠伯一定要留我在家里吃饭。

“没菜了，你今早没买菜。”淑姨说，她村里几个相好的，叫她帮忙套葡萄袋子。她明天回去转一圈，没敢让忠伯买这两天的菜。

“叫我骑车子到南头食堂去，给咱弄两个凉盘子。”忠伯说着就走了。淑姨送他出门，叮咛路上骑慢些。

“老汉爱吃爱喝，对自己大方，对别人也大方。我来了这一段时间，他夸我干得好，要给我涨工资。”淑姨有点不好意思。“他说上一个他还给行娘家门户哩，咱来没提这。”她说。

“姨，现在有一种说法，称你们这种为‘保姆式婚姻’，您怎么看呢？”我问。

“差不多也就是的。那咱没办法，我现在单身，前几年还能做果园，现在干不成了。没有收入，人还要生活哩。你说靠儿女去，她们日子过得比我还艰难，指望不上。”一提起自己的娃娃，淑姨轻轻叹气。

昨天我侄子吃面（订婚）哩，老汉叫我去，我兄弟把我挡了，嫌我负担重。

这边的娃娃都是干事的，哪怕他大没钱，娃就争地把门户出了。我生了三个女子，都是农民。到她们跟前，想生女哩可都生些小子。现在娃三十好几了，还连媳妇都问不下，熬煎得太太。

两边的家庭经济情况悬殊着哩，咱心里知道。所以越是这，这屋里的东西咱越不能稀罕。

像我娘家村里有个人，偷地把人家的东西往回搬，最后那家不要她了。孙镇那老汉不在以后，他娃说让我把他大的冰箱拉回去，我没要。我不可能专门叫人开着车到村里拉冰箱去，我的脸还值几个钱哩。过年的时候，他儿子跟女婿给我拉来了。

所以说个人要自觉哩。这家娃回来给他大买的东西，我从来不动。逢年过节，娃娃回来还给我买衣服买鞋，那是娃的心。

“那你们领结婚证吗？”

“现在都不领结婚证，害怕分人家的家产。我一个月养老金能领135，一年下来1000多块钱，老汉每个月还给我几百。等人家一下世，我就回我屋去了。攒下的基本够我用。”

淑姨正说着，听见忠伯回来了，忙去揭门帘。只见忠伯手里提着一份凉菜、一份油泼面，还有两瓶健力宝。

淑姨忙接过去。凉菜拨到了一个事先准备好的盘子里，包子上盖着块软麻布，一样一样摆上桌。淑姨的包子蒸得小小的，圆不嘟嘟，忠伯吃了好几个。

出门之前，我们在院里的杏树下略站了站。快到端午了，杏子正是变黄的时节。“过几天，老汉他孙子娃回来，就能拿竹竿钩了。”

第三部

34

说起来，在龙池镇，重泉村是一个比较中等的村，全镇2018年人均纯收入是18000多元，而重泉刚好是这个平均数。

村里的贫困户也不多，这些数字、名字、各家情况，满仓、李鹏他们记得滚瓜烂熟：2016年时建档立卡的有63户236人，主要是因病或者是智力问题。经过这几年帮扶，到调查时还剩下3户4人。

村里有个梁新虎，几年前得了白血病。

好多次从他家门口过，我都有进去坐坐的冲动。但大门老是紧闭着。可巧有天早上，叶娃婶（新虎的妈妈）到满仓的小卖部买馍，正好被我撞上。

蒲城人爱吃馍，有的庄稼人几乎顿顿要吃。前些年，隔上一向，四邻里就见有人蒸馍。如今，年轻媳妇会蒸馍的不多，村里大多数人也嫌手工蒸麻烦，就买机器馍吃。小卖部里，每天卖得最快的就是馍。

叶娃婶买了一大塑料袋，可见家里吃饭的人不少。

“婶婶，我能到你屋里去看看吗？”我问。

“女子，看你说得，只要你不嫌弃，到屋走！”叶娃婶发福的上身，穿着一件红线衣，脸上堆满笑。

叶娃婶的家，宽敞而朴素。因为新虎的病，他家从万元户跌落到贫困户，背着100多万的债务……

我顾左右而言他，希望谈话可以循序渐进。但没想到，叶娃婶却单刀直入：“要不要把虎子叫回来，你见见？他到龙池问报销的事去了。”

叶娃婶的手机，是一个别人退下来的老年机，她只会接，不会拨。我用我的手机给她拨了号。从他们简短的对话中，能听出来，新虎很顺从他的妈妈。

趁着这点空，叶娃婶讲起了这场家庭变故：

我是本村女，招的上门女婿。他爸人苦实，那些年日子在村里拔尖哩。

娃娃也乖。虎子上头三个姐。老大嫁到车杜，老二在平头，老三在东王，都是种瓜的。虎子争气，大学毕业以后，在广东上班。

他2012年结的婚，第二年4月添了一个男娃。虎子受领导重用很，娃生下才13天，单位就把他叫走了。过了半年，媳妇也去了。

这些年，我俩攒了些钱，准备给虎子买房呀。谁知道，他2014年过年一发烧，查出来白血病。

我到唐都医院，医生给我说："你陪你儿子一天，就多一天。"那个时候，我才知道已经做过两次化疗了，都没成。他三个姐知道，瞒着我跟他爸。

我说："我老两口手里还有20万养老钱，我们还想努力努力。"这是我的娃呀，咋可能眼睁睁……求人家医生，磕头都愿意。

那个主任同意，再试最后一种（治疗）手段。说是以前只在65岁以上的人身上用过。我娃就是那小老（白）鼠，试验品。医院还说，这次要做骨髓移植，30万到50万，必须准备到跟前。

"唉，钱是硬头之物。为给他看病，他三个姐，一家20万。不是他姐，没他了。"叶娃婶叹气。

这时候，新虎进门了，他和我握手。近距离看，他除了脸色比较苍白，鼻梁上架了一副奇怪的眼镜之外，其他与常人无异。

“让虎子给你说，我没文化，没有他讲得清。”新虎一回来，叶娃婶从小板凳上站起来，去灶户做饭。

新虎靠墙坐下，表情略微有点拘谨。

我在外院（西安外国语大学）读的英语专业，大专。2011年到广州上班，电子企业，从最底层的操作工干起，一直干到管理层。

2014年2月6号，过年值班，我觉着身上不美，去了中山医院。情人节前一天，查出来是急性非淋巴细胞白血病M5B型。医生说，你最好回自己当地的大医院去，这病治起来是个长期的事。

我跟我媳妇工作不要了，直接坐飞机回来。找熟人，2月22号进了唐都医院。

我已经在医院了，但骗我妈说上班哩。我总觉得，看一下就好了，就能回去上班。直到5月3号，医生给我姐说，让我们回去。我几个姐、姐夫一下瘫了，说：“都是这了，再不给爸妈说，没法交代了。”

“听你妈妈说，你几个姐、姐夫待你特别好。”我插了一句。新虎看了我一眼，停顿了一下，说：“我的事，大家都往前冲。”

医院挂号，每次都是他姐姐、姐夫半夜带着小马扎，轮着去排队。

新虎第三次住院，做微移植，借的是他二姐的造血干细胞，病情暂时控制住了。

新虎说，好多人都以为，骨髓移植完了就好了。其实移植才是新生的开始，之后的花费更多，就像一个无底洞。而他爸妈年龄大了，贷不下款，也借不来钱，都是靠他几个姐。

“每星期他们到医院来，商量的最重要的事，就是下一周要准备多少钱。”新虎说。

对这个家庭来说，除了钱的事，还有过日子的煎熬。在唐都医院三年，新虎的孩子放在他大姐家，都是她阿公阿家帮忙照看。有一次叶娃婶去看孙子，回来对着老伴直流眼泪。“咱亲家焊了两个娃架架，一个坐的咱娃，一个坐的他娃。”

能看出来，新虎在叙述过程中，尽量压抑着自己的情绪，不在一个陌生人面前显得那么不禁风雨。但总有哽咽的时候，我却奇怪，他为什么没有眼泪？

叶娃婶从房子里提出一大塑料袋子眼药水，说：“虎子的病，排异在他的眼睛上。这辈子，他都不可能有眼泪了。”

他现在想哭都哭不出来。

叶娃婶提的东西叫玻璃酸钠滴眼液，是一种人工泪液。一支10毫升，70块钱，最多用七天。“你看到我的眼镜没？特制的，防灰尘、防风，几千块。”

新虎说：“我180多万元的花费，很大一部分都用在这些没法报销的药和物品上了。我用过一种抑制真菌的药，比黄金还贵。一天喝四勺，一勺340块。前后喝了30多万。”

“我说我爸妈，你们这辈子挣了很多钱，只是没攒下，都花到我身上了。”

叶娃婶对着新虎，抹起眼泪。新虎没有睫毛，也没有眼泪。

“娃，你再别说这话。我娃做穿刺受的那疼，谁都代替不了。你都不知道，妈那时候到信用社贷款，跑了几天没贷下，心里觉得有多对不起你呀！”

叶娃婶说着，不时摊开两只手，显得不知所措。可想当时，儿子躺在冰冷的病床上等钱续命，她却贷款无门，借款无着落，那该是什么样的叫天天不应，呼地地不灵。

人没钱了，才想起来去问低保。

要说，新虎还是赶上了好政策。2014年，村里党员投票，把他家定成贫困户。那一年按封顶给报销的，13万加个2万低保。

到2016年以后，报销的额度就更高了，贫困户能达到百分之八九十。

“咱感谢党的政策哩。但就说，还能不能给把这些个‘好药’报销一部分，现在花钱都在这上头。”叶娃婶说。

新虎叫了一声“妈”，好像想阻止叶娃婶继续说下去，但他最终没能说出口。

中午，地里干活的人都收工回来了。

叶娃婶和老伴都快上70岁了，地里活慢慢干不动了。也是为了还女儿们的情，家里的地都让她们种着。老两口打下手。

我见一个满头白发的人走进来，以为这是新虎他爸，忙站起来喊了声“伯伯”。新虎不好意思地提醒我：“这是我大姐夫。”我连连道歉。

这时，大姐、大姐夫，三姐、三姐夫，有说有笑，围着叶娃婶站满了灶户。

“你不知道生与死的瞬间，经历过生死的临界点，才发现生活中有很多乐趣。”新虎递给我一块大姐切的哈密瓜，刚从地里摘的，新鲜甘甜。

根据医生的诊断，如果新虎顺利度过排异期，骨髓移植五年后，他的病情基本可以稳定。

李鹏希望，将来合作社开起来，可以给新虎提供一个适合他的岗位。这五个家庭，又有了另一份希望。

35

梁入学是重泉村的另一个贫困户。

梁入学，男，重泉村四组人，初中文化，与共和国同龄，和妻子育有一儿一女。由于他上通天文，下晓地理，不发表评论则已，一开口便语惊四座，重泉人送他一个雅号“博士”。

据“博士”说，他年轻的时候，在北京当兵。在部队上，他研究马列主义哲学，被称为“年轻的马列”。《列宁全集》第38卷，很多内容他能背过。

“我不仅学马列，古今中外，啥书我都看。黑格尔哲学、哥德巴赫猜想、汤显祖的《牡丹亭》、杨沫的

《青春之歌》，等等，多得太太。”

他这人学啥也快。搭织布机子，做泥水匠、木匠活，酿酒，盘回风炉，都没麻达。学裁缝，看上几天就能剪出裤子、袄，没要多长时间就能带徒弟。

会的东西不少，就是都没有坚持干下去。年轻的时候想搞个建筑队哩，家里有地，出不去。

那一年他到四川去赶蜂，有个人把他抓住，问：“你是不是梁入学？我在部队上听过你讲马克思主义！”老战友们经常要他的微信，他不加，他要专心养蜂。

“跟你说得太多了，平时跟他们都不太说，谁能听懂？村里有几个人知道莎士比亚，知道汤显祖？”“博士”说。

“博士”在他家后院，栽了六棵泡桐树。有几棵还没到开花的年纪（泡桐五年开花），新萌出的叶子绿得刚刚好，跟小娃的手掌差不多大小。还有几棵已经开得满头是花，正在流蜜期。

蜂箱，就安置在泡桐园里。这一向天气暖，“博士”搅糖（用专门的机器将蜂蜜与蜂巢分离）的频率明显高多了。

除了享受国家给贫困户的产业、医疗等补贴政策外，近些年，“博士”老两口主要的收入来源，就是养蜂。

油菜花、洋槐花、枣花，哪达有好花，他就和蜂友搭伙雇个汽车，拉上蜂箱，拾掇好锅灶、包袱，到外间赶蜂。当然，哪一次都不能少了他媳妇。

“博士”他媳妇，几乎和他形影不离。他歇上炕，他媳妇也歇上炕；他跟人谝闲传，他走到哪儿，他媳妇就把板凳挪到哪儿坐下。

“博士”学富五车，他媳妇却因为小时候娘家穷，没进过学校门。但她有一个优点，“博士”和人天南地北神侃的时候，她极少插话，只是静静地听。偶尔言传一下，基本上就预示着正在谈论的话题该结束了。

那天，“博士”兴致来了，在烟盒盒上写了一首诗。头几句是：勤奋一生只爱花，酿成甘蜜香万家。千回百转志不移，葬于蓝天方是崖。

空旷的大房底下，“博士”深情地朗诵着他为蜜蜂写的诗。“博士”媳妇终于听得不耐烦了，默默端个板凳去门外的水泥路上坐着了。

“博士”在重泉村里，偶尔会成为人们茶余饭后谈论的话题。比如，有知识有文化的“博士”，为啥会当上贫困户？

有人说，有文化咋了？百无一用是书生，书都把人念成呆子了。光会说嘴，不会过日子顶个啥用？

有人骂，为啥成贫困户？一天懒成那了！好大大，咱一天黑水汗流的，没日没夜在地里刨哩，人家一天手摆摆下，脚伸得多长，在门上坐哩。谁见过“博士”跟他媳妇在地里种过瓜？政府给他扶贫，太不公平了！

还有人追根溯源，把这事归结到“博士”的婚姻上。有知情人说，这一辈子，“博士”只怨他妈一件事，就是包办了他的婚姻，给他说下这个媳妇。

“你看‘博士’成天穿得脏不拉几的，衣服上到处都是烟头烧下的窟窿。放到一个能行媳妇，男人穿成那样能看下去？两个人就不匹配，差距太大，‘博士’一辈子过得有啥心劲哩么？”

这些议论，“博士”听见了，呵呵一笑。听话听音，他能掂量来话的轻重，那话里一半是恨铁不成钢，一半也是想督促他把日子过好。

“博士”发现家里的煤气罐快没气了，喊：“夏云，去找一杆秤来，我称称分量就清楚了。”

“博士”媳妇跑出去借了杆秤，“博士”找了根木棍从提手的绳子里穿了过去。两个人就这样，你抬这头，我抬那头。煤气罐离地悬空，秤杆微微上扬。“博士”定睛看了看，一挥手，“放下吧”。

像这样的场景，还是蛮温馨的。夫妻么，只要两个人好，比啥都强。他们也有心劲，乡亲们帮一把，往前的路还是亮堂的。

36

对于晓斌一家，村里人总怀有一种特殊的感情，却说不清楚这是什么。

就像满仓，会把自家新房的室内装修，全权交给当时还是新手的晓斌；就像爱玲，谁家有好女子，老在替晓斌留意着，甚至留意到外地去了；就像李鹏，为了帮晓斌他妹子娇娇争取一个在村里当家教的机会，跑去跟人伤脸，虽然最终事没办成……

大家都想竭尽所能，为晓斌做点啥。

清明收假的前一天晚上，我接到晓斌的电话。他说得很短，我没有听出波澜：“我妈老了。”

晓斌穿着孝服，引我走进灵堂。我上了香，行了礼，坐在礼簿桌旁。

就在三天前，我还看见晓斌双目失明的妈妈，坐在院子中间，吃着一个削了皮的苹果。太阳刚好晒到她坐的地方。

算一算，到今年，晓斌他爸妈得病，该有十个年头了。

我小时候，屋里大人在铃铒街上开农资店。听我婆说，以我爷当时的实力，能买下铃铒半条街上的房。

我爷老了以后，没人能管住我爸打牌。就连我中考前几天，还有一伙子人在我屋打牌。我气得不行，过去把桌子掲得翻了个过。

我上高中时，我爸得了帕金森症，手不停地抖。药一把一把喝下去，不见效。生意实实做不成了，我妈就回来务瓜。

也是我跟我妹子都上学，屋里还有我婆，我妈一天太省了，饥一顿，饱一顿。后来她查出来糖尿病，血糖比正常人高一倍。但她不当回事，药喝一喝，停一停，一天骑着车子在地里胡跑，说不下。

2012年，我大学毕业，美美下了一年苦，把装修设计图的路数摸熟了。2013年一过完年，我就准备到上海去，有人叫哩，一个月四五千块钱工资。我给我妈说：“你少种几棚瓜，我每个月给你打钱。”

我把行李箱都收拾好了，说的是第二天大家把瓜栽到地里，就送我走。结果我妈眼睛出血……这就是我兄妹俩的命。

晓斌他妈出事的时候，娇娇正在上高二。她到学校去，给她最好的朋友说：“我不念了。”那个女娃哭着回去告诉她妈，她也不念了。一直到去年之前，娇娇都留在村里，给全家人做饭。

晓斌是前两年出去的。硬被李鹏和满仓他们“撵”出去的。

李鹏说：“你都不知道，我来驻村，头一回到晓斌家，屋里乱得就没法看。客厅这一块摆着一台电脑，书、杂物堆得乱七八糟。房子里被子窝成一坨，地上没处下脚。”

“到瓜地去看，叶子上虫长满了。他也没经验，把陈粉授到今天的瓜牛上，逮不住瓜。种了三年，赔了三年，贫困户更贫了。”

满仓给晓斌说：“娃，你不敢是这。你有技术哩，出去干你的事，再别种瓜了。”晓斌乖，听人说哩。满仓托熟人在县上给他联系了一家装修公司。

去年，他能收入八九万。现在把娇娇也带出去了，听说干得不错。

作为一名准“离乡青年”，在大家眼里，晓斌在城市的奋斗是成功的。他靠一己之力，让这个家庭脱了贫。

但坐在灵堂前，让他回忆，三十年来最温暖的时光，还是种瓜的那三年。“如果我妈还在的话，瓜能种，我宁愿再种几年。在屋里待的那几年，虽然生活苦些，但一家人都在一块，挺开心的。到地里去，我拿车子把我妈带上。到哪儿浪去，也把她带上。”

今年也不知道是不是气候的事，一个多月里，接二连三，“老了”好几个人。先是南头一名享有米寿（八十八岁）的老太太，再是晓斌妈，然后是代办孙学斌他爷，一个退休老干部，快100岁了。

晓斌他爸有病，娇娇还小，一应大小事情，都在晓斌身上。农村丧葬流程极其复杂，他要应付的事多如牛毛。

所幸关中农村到现在还保留着一种风俗“相奉

制”。就是村里有红白喜事了，其他户，都要出一两个人来帮忙，尤其是白事。哪怕是在外面上班的，村里老了人，也要尽量赶回来，这是不成文的规定。

一般主家会请在村里能说得起话的人，多数是村组干部，来当“相奉头”。“相奉头”相当于这场事的总管，他会出执事单，安排所有男女相奉要负责的事：搭架设棚、端盘倒水、买菜帮厨……

这就是见人品的时候了。一旦有人经常在这种场合偷奸耍滑，就会臊了自己在村里的名声。轮到他家过事，大家会心照不宣，实施“惩罚”，让主家在亲戚面前难堪。以后，这家人就不敢了。这也是乡村最纯粹的善恶观。

晓斌妈年龄小，亲戚也少，接待量不大。村里人又见两个娃恓惶，不等人叫，都早早来上事，也算有条不紊。

“姐，你说这世界上有转世人吗？”晓斌最近常回村给他妈烧纸。有一天，我俩坐在一块，见没人的时候，他突然问我。

“这是迷信吧。你是遇到啥事了？咋突然问这个？”我怕他年轻，在外面受人蛊惑，被人骗钱。

“也没啥，就是我老梦见我妈，根本放不下。”晓斌还是那样，表情没有多少变化，甚至声调都没有起伏，“如果人真的可以转世，我想让她将来转世到我娃身上，让我妈给我当娃。”

村里已经催了好几回，让晓斌去把他妈的户籍注销了。但他总是推说，缓一缓，缓一缓。

“我签不下去那个字。”晓斌低着头，不停地摩挲他的手机壳。那里面，是他妈妈的身份证。

今年，晓斌兼了三份职，都是室内装修设计的活。他干活的时间，主要在晚上。抱着电脑键盘，熬图。

为了省点房钱，两年多，他一直挤在朋友的出租屋里。近来他越发觉得不好意思了，就挨着县城边的大唐秦东建材市场找了间房，在一个农贸市场里。反正他成天得到这儿来看材料。

搬家那天，我恰好在县城办事，就去充了回劳力。晓斌还没有成家，跟在他身边的除了娇娇，还有一个姨家表姐。

其实晓斌今年也快30了。他爸妈管不了事，村上一帮干部替他操碎了心。他自己说急也不急，说不急又急。

在屋里待那几年，晓斌见的（对）象不下十几个。有些见面以后感觉还可以，过上几天，那边老打听这边的家庭情况。一打听，女子说："我妈说算了。"

那个时候的条件，晓斌只想问个对大、妈好的，俭朴一点儿，能持家过日子就行。遇不下，后来就不过于着急了。

"凑合寻一个，就算是结了婚，过不了一两年就离了，与其这样，不如结迟些。不怕说现在要车要房哩，但总有能看上咱的。事业干起来了，问（娶）媳妇很容易。"晓斌说。

一谈到这个话题，晓斌笑起来，眼睛眯成一条缝。仿佛那少年老成只是薄薄一层冰，瞬间就融化了。

晓斌见了女孩蛮害羞。虽然他在哥们儿面前鼓吹谈恋爱碎碎个事，但为了和那个当幼师的女子见面，他瞎忙了好几天。甚至连每一句微信该怎么回，他都请了公司的姊妹们当"军师"，一个字一个字推敲。

但这世上也不是啥事都能有"志"者事竟成。晓斌这回又败了北。

"前头都好好的，这两天突然不给我回微信了。我不死心，连着发了好多条，才回了一句，我比她大四五岁哩，她怕两个人有代沟。其实我挺自卑的，人家开的车比我的好。”

晓斌摸着一套简易沙发。也不知道他是在看沙发，还是在想那姑娘，总之呆了好久。

这里是蒲城的旧货市场。城里头谁家有旧家具、旧家电，可以到这儿来卖。新进城的小年轻需要给出租屋里添啥，这儿也能淘到实惠的物件。

晓斌成天跑高级家具城，帮客人选这挑那，品位也蹭蹭上涨。但轮到他自个儿，还是觉得这里更合适。

老板很会做生意。虽然许多床、沙发、柜子，一猜就是翻新的，但偏偏用了心思，卖的就是个性价比。

晓斌在藤椅和沙发之间犹豫了很久，最后我看他把藤椅搬上了车。坐车上，我问他这五样东西总共花了多钱，他说950块钱。我再没说话，心里一直在想，那套1000块钱的沙发也许真不适合他。

家搬得很快。晓斌一个电话，一群小伙子不知从哪儿冒了出来，两趟就把东西运完了。从此以后，晓斌就是住在这筒子楼里的“设计师”。

娇娇一直话不多，她认真地把地扫了一遍，又拖了两遍，然后跪在床上把床单铺展。一抬头，窗外农贸市场的一股调料味扑过来，她有些忧虑："哥，这儿早上三四点就发菜哩，你晚上咋睡呀？"

"不怕，我是越吵越睡得香。"终于有了自己的窝，晓斌还是高兴。他催着我们："收拾好了快走，请大家去北环路吃夜市。"

我以为晓斌"家"那块已经够热闹了，没想到，北环路夜市才叫一个人声鼎沸。开宝马奔驰的有，骑电动车来的也不少。到得早的车停在车位上，晚的得跑老远。周围一片漆黑，就这块光最亮。

这些移动摊点，以前都分布在县城的大街小巷，经常被城管赶。这两年聚到这里，许多摊主都是熟面孔，就像那个杵着龙头大壶卖莲子羹的，之前老在中心广场。

我们围着几排摊摊转了一圈，最终选了一个瓢转得最欢的。晓斌给我买了碗炒拉条，我要付账，他却早早扫了码。

这里的泥地已经铺上砖了，环境卫生好了很多。当然还是避免不了有人将塑料袋、一次性筷子、卫生纸满地扔。晓斌找了块稍微干净的地儿，和其他人一样，我们蹲在小板凳上吃得很香。

不知道啥时候，娇娇不见了。过了好久，她从背后轻轻拍我：“姐，你回村上，把这袋山竹捎给满仓伯他们吃吧，我看城里人都爱买。”

晓斌说，娇娇陪他熬了六年。我不知道，这六年间，他们兄妹，有没有舍得吃过这么贵的水果。但这份心意，我咋都得替大伙收了。

37

在重泉村，还有这样一个“出走”群体：他们像流浪的吉卜赛人，瓜地包到哪里，他们的瓜庵子就搭到哪里，哪里就是他们临时的“家”。他们外出掘金，也将瓜区人的苦实、设施农业的种植技术，传到各地。

满仓粗粗算了算，全村像这样的，大概有个二十来家。用李鹏的话说，这些人是新农民，他们搞的是“飞地经济”。

提到这事，李鹏想起他的帮扶户秀敏，今年也出去了，在县城北边罕井镇包了片地。去年秀敏压辣子赔惨了，不知道今年咋个向。

“还有永强，把女子娃都带到瓜地去上幼儿园了。”这是三明的伙计。

玉潮来村委会时也念叨，他在临潼包地的大女子亚莉这一向回重泉了，给本家的兄弟姊妹帮忙卸瓜。留下女婿秀英一个人，在那边照看包的19亩地。

这些人跟在城里打工的“农二代”一样，也是重泉村的牵挂。

去看秀英那天，早起，天上憋了一层云，就是没下雨。

秀英穿件红短袖，磨白牛仔裤，到何寨镇街道来接我。他的白色越野拐进一条小巷，过了个垃圾集中点，往前一路都走在野地里。不太看得见村子了，只有一条火车道。

秀英的车在一群瓜庵子中间停下。这里就像个白菜心，周围被大棚裹得严严实实。一户和一户的瓜庵子顶着屁股，一户又和一户对门，我眼花缭乱，究竟也没数清到底有多少家。

“在外头包地不比在屋里，有现成的房能住，都是搭的这窝棚，能容身就行了。”秀英说着，把我往瓜庵子里引。

他的瓜庵子里收拾得十分齐整。两张床对面放着，一张睡人，铺着凉席，另一个堆了些杂物。墙上的置物架里，洗头膏、沐浴液、牙刷、牙缸摆了一排。门口的灶具齐备，蜂窝煤炉子在外面蹲着。

秀英这是头一年出来。“投资了8万元，试火哩么。”

他告诉我，之所以舍近求远，跑到这离家100多公里的外乡来包地，是因为重泉那边的地都种得满满的，施展不开。而他们想扩大种植面积，搞规模化经营。

这里是生茬地，不用嫁接苗，病害小，肥力足。虽然承包款一亩地得1500块钱，但面积大，发展不受“地畔子”限制，再把农药、肥料那几项成本一省，效益更高。

据他讲，这儿总共有九家子，有蒲城的，也有大荔的、临渭区的。

大家相跟一块出来，相互帮衬，这里就像另一个重泉村。

秀英家的对面，辛丽他们几家，都是大荔羌白人。我曾看过一份史料，有人考证这一带居住的是古代羌族的后裔。羌白也是大荔县最早种植大棚西瓜的，被誉为“同州西瓜第一镇”。重泉发展大棚西瓜，可能也是从羌白一带传过去的。

如今羌白地界种西瓜的已经很少了，都改成种山楂、冬枣、黑布林这些水果，方便走电商。但这些年轻人从他们的父辈那儿传承了这门手艺，选择出来闯荡。

估摸大家这会儿都歇着，秀英说带我到各家转转。到辛丽家，她老公正蹲在地里摘黄瓜吃。来时我就注意到了，每个瓜庵子前头，都有一小块菜地。南瓜正开着黄色的花，有的洋柿子已经挂了果。

辛丽是个热闹的姑娘，性情豪爽。她上了个大专，学的电气自动化。后来到浙江的电子厂上班，认识了兴海。因为她在南方待不惯，闹着一块回了大荔。现在娃都两岁了。

“我把他‘拐’来的，他是云南昭通人，你听口音。”辛丽坐在门口的小板凳上，戏谑她老公。

兴海一撇嘴，“做梦都没想过这辈子会种瓜。人家种的瓜大，我种的是娃哈哈。”说着狠命啃黄瓜。

攒够了云，雨突然倾盆而降。邻家波虎媳妇喊：“老公，快收被子。”波虎顺路帮秀英也收了。

大伙都各自跑回“屋”。雨噼噼啪啪打在瓜庵子上，遮住了人声，也看不到任何行人的踪迹。

我和秀敏，在他的地头顶住了。他打东边来，骑着摩托，戴个蛤蟆镜。见着我，把眼镜往上一扶，晃了晃手里的一吊五花肉，说：“今儿个在我这儿吃饭啊。”

秀敏是长桂老汉的儿，长桂老汉是抗美援朝的老兵。他家姓谢，是秀敏爷那一辈从河南迁来重泉的。秀敏妈是安徽迁来的。

老两口最近精神头比我刚到村里的时候好。听说，孙子富强把媳妇给他们领回来了。提起这事，秀敏眉飞色舞。

“富强在陕汽当工人哩。有了媳妇，人就有了心劲，有了盼头了。只要两个娃感情好，对我们咋样都是闲的（闲淡事）。”

秀敏说，那一天两亲家见面呀，他在罕井街上买了鞋、袜子、裤子，还有一个长T恤。卖衣服的说，这既能当外衣穿，也能当内衣穿。他说这好。

“以前咱的衣服都是在地摊上买哩，谁还到商场去过？只要穿得不露就行了。但这是特殊关系，不能穿得太寒碜了。”

给娃结婚是大事，用钱的地方很多。但看起来秀敏这几年不咋顺，好容易去年前半年瓜挣了点钱，后季压了12亩辣子，又全赔进去了。

“他是看邻家茹平前年压辣子把钱挣了，他也压。我说瞎好先卖些，不听人说么。你要给咱帮忙劝劝秀敏哩，不敢再这么能了，眼看要给娃拾掇房子呀。”秀敏妈见了李鹏，就叹气，就流眼泪。

秀敏把这归结了一个词，叫“财运”。

他19岁学瓦工，从房顶上摔下来，伤了腰。2002年把娃丢下跟媳妇闯广州，在木器厂、建筑工队，啥都干。但最后混了几年，钱没落下，还伤了一只眼睛。

回来种瓜，一到投资的时候，资金短缺。卖下一点钱了，给这儿还一点，给那儿还一点。就这样一直塌（欠）人账，紧了这么多年。“人家种瓜能挣下钱，我为啥不行？”

“也是我的财运该来了。”

秀敏说，因为在这儿种苞谷，他认得下一个本地朋友。人家今年不仅给他投资了7万块，而且还帮他寻下这22亩地。“一亩租金才500块钱，离这儿不到一公里就有口井，种瓜很方便。”

这一向活多，秀敏雇了四个人。今儿个下晌早，那两个荆姚镇的妇女要回去收麦呀。

“过完年以后我没买过肉，你俩在这儿干了11天半了，走之前咱咥一顿肉饺子。也不枉大家在一块相处一场。”秀敏一边给那俩男的发烟（“芒果”烟，六块八毛钱，说是大众化的“美猴”紧俏，买不下），一边跟俩妇女说笑。

“嫂子，在屋里咱常包饺子哩，但出来这40多天，瓜庵子里包饺子还是头一回。哎呀，掌柜的（这里是雇工对主家的称呼）有心得很。”这妇女看上去和秀敏差不多年纪，圆蛋蛋脸，说起话来十分喜气。

秀敏戴上一次性手套，在案上去肉皮，但他手底下打滑，急出一头水。他多少有些尴尬，又扭头看人家和面。“哎呀妹子！俗话说，冬牛头，夏溜溜，不软不硬是春秋，你这面和得，就是好。”

今天他难得跟大伙一块吃。平时他都不上桌子，等下苦的吃完了，把剩下的菜一吃。这是他的讲究。今儿个他吃了要赶着去镇上取钱，给人家开工资。

吃完饺子领了钱，俩妇女一人抱了个包袱，跟秀敏告别。

“你娃他爸从远处回来没？”年龄大的问。

“到屋里了，一早上跟催命一样，打了好几个电话。”年轻的答。

38

永强跟他媳妇金红包的地，是兴镇尖角村的。周围种葡萄的多，大棚瓜却只有两大片。所以我能一下子摸到他家的瓜庵子，把他俩吓了一大跳。

永强从22岁担家。他说，老一辈的种地模式，是种麦、种苞谷，不敢贷钱。从他手上开始种瓜，1993年，他贷了3000块钱，种了3亩半西瓜，卖了7000元。“我爸说，一辈子就没有见过那么多钱。”

现在，他把瓜都种到外乡来了，而且还带着自己的小闺女瑶瑶。

永强家的情况，让我对瓜农下一代的教育问题产生了极大兴趣。

瑶瑶刚刚三岁半，古灵精怪的，把永强和金红缠得没脾气。“他哥今年都要大学毕业了，刚签下一个世界五百强企业。这碎猴猴子，还在地上粘着哩。”

金红说，他俩本来没那么大勇气。“我那时候已经42岁了，咱经济条件一般，再负担一个真的难很。但我大儿子可可鼓励我生下来。”

瑶瑶生下来也试着让她姑、她姨妈都引（带管）过，但最后都不行。金红从瓜地回去，切菜，娃抱着她的腿在灶户玩；上厕所，跟到她屁股后面。好像一个多月不见妈，把娃吓怯了。所以他俩商量，哪怕少一个劳力，把娃管好是正事。

“现在这儿都方便很。早上7点，只用把娃送到地头，就有幼儿园的校车来接。娃一上学去，我跟上做活。晚上娃回来，我俩就陪她耍。”

妈妈说话，瑶瑶不停地在旁边插嘴，要不然就使劲摇晃她。气得她妈照屁股上拍了两下。瑶瑶看不对劲，鼻子一酸，就去搂她爸的脖子。永强把瑶瑶横抱在怀里，朝脸蛋上猛啄了几口，又把她惹笑了。

可可小的时候，永强在家种瓜，他在南方打工的同学老叫他过去。“我一想咱如果出去打工了，屋里婆爷管孙子就惯坏了。咱一辈子在土里刨，要叫娃好好念书。”

永强说，只要可可从学校回来，谁叫他打牌都不出去，天天晚上陪娃。可可高三时，他还让金红专门陪读了半年。每学期开学前头，他都早早贷下五六千块钱放在那儿，娃啥时候用啥时候拿。

“这碎女子我更心疼，等娃上了小学，我绝对不会再出来包地了。”永强说得很坚决。

“妈妈，我要去给花花浇水。”瑶瑶玩腻了氢气球，黏着她妈要出去。金红从桌子上拿了个喷壶，牵着她往出走。

出了门，瑶瑶忘了找花花，却瞅上一个大西瓜，边喷水边做出各种鬼脸。“重泉屋里是哥哥的家，瓜地是我的家。我最喜欢瓜地啦，因为这里有爸爸妈妈……”

第四部

39

在龙池，80%左右的小学生，在周内是根本见不到家人的，无论是父母还是祖父母。

“瓜区的群众忙。就这儿现在还好，大多数娃要么在咱这儿，要么在铃铒小学，一星期能回家一次。前几年，好多人都把娃送到县上的私立学校，全封闭，一个月接一回。”

“现在学校里住了200多个娃，托管住了100个，家里住了100个。在家住的基本是龙池街上的，其他15个村的少很。”

——住校、托管、回家住宿，龙池镇中心小学校长王军如是说。

不知道从什么时候起，瓜区刮起了这场“寄宿”

风。无论大孩子、小孩子，统统寄宿。一、二年级的孩子太小，住不了校，就送托管。总之周内要想在村里见到个学生，难。

重泉村会计德明家的二琳上小学二年级，一直在托管寄宿。跟其他人不同的是，德明每周三会去把娃接回来住一晚。

“唉，有啥办法哩么，咱这儿人忙得很。赶早5点多下地，后晌一直干到黑。就是把娃接回来，浑身乏得不行了，谁还有心思给娃教作业？再遇到她做不出来题，火立马就上来了。”德明跟我说。

“还不如送到托管，娃早晚不受冻。人家也会教，现在有些课程深，娃有时把咱都问住了。一学期交1000来块钱，权当给咱引娃哩么。”

“星期天去，把糕给拿上。星期四早上送，还得给再提些吃货，要不然不好好去。就这，走的时候二琳还说：‘爸爸，你今晚上可来接我哦。’淘气包子！”

恐怕连德明在内，大伙都忘了，孩子每晚回家睡觉是一种什么感觉。

其实十多年前，重泉村里是有小学的。谁忘了这事，村里的出纳玉潮也忘不了。

玉潮回忆：重泉有学校早得太（很）。老早里一队村头头有个郝家祠堂，那就是重泉村的私塾。1938年民国手里，学校搬到了老爷庙。新中国成立后老爷庙全部变成了学校，教室墙上都镶着碑子。小娃趴的是盘的泥台台，上学从屋里端板凳。大娃有桌子板凳。

玉潮1967年初中毕业。1969年县上有个公办教师要回去生娃，他开始代她上课，当了13年民办教师。

“那一阵咱村上学校阔气太。看门的、打铃的，学校有一个灶，买了一整套笼。六个教师，五个班，200多个娃。娃娃一撇一捺，都是我逮着手写的。那时候的娃娃也争气。满仓他家那一条巷，一级出了四个大学生，人称状元巷。”

本世纪初，全国农村中小学掀起撤点并校高潮。据统计，1997年到2010年的14年间，全国减少小学371470所，其中农村小学减少302099所，占全国小学总减少量的81.3%。

重泉小学无疑也为这庞大的数字添了一根“火柴棍”。

龙池镇中心小学的教导主任孙妮是重泉村的女子。她的启蒙教育也曾在重泉小学完成。在她和她的很多同事看来，村里小学被撤是由很多原因最终促成的。

一个是受计划生育政策影响大，结婚一对，才能增加一个娃，生源本来就在锐减。再加上很多人有钱了，老觉着城里的老师比农村的好，也图种瓜哩不管娃省事，撵着把娃往县城送。

越是这样，越形成恶性循环，分配的老师，很多不愿意去村里。

重泉小学，到最后就剩了六七个娃。

“几个娃，投资一所学校，不如把十所学校的钱集中起来办一所学校。老师的办公、住宿环境也可以保障。”孙妮说，近四五年，农村公办小学才开始有寄宿，都是为了留住生源。

2014年，龙池镇中心小学只有100个学生；2017年，300人；2019年，400多人。王军校长欣喜地告诉我：“这场‘回流’还在继续。”

40

我猜，如果从空中俯瞰，龙池镇中心小学在某个点上，和镇政府是毗邻的。

住在镇上，每天早晨，我都会被校园里清晰嘹亮的广播声叫醒。甜美的女童音，要么在唱《我们是共产主义接班人》，要么在唱《让我们荡起双桨》，大约还有些别的歌，我记不太清。

这声音，仿佛就从隔壁发出。不知道，龙池镇上每天有多少人和我一样，陶醉在这歌声里。

这两家，大门都端端朝南。政府大门就开在主街中央，很显眼。学校却在街道东边，从主街往里缩进了几十米，很隐蔽。也许是为了曲径通幽。

但从重泉村而来，必经的那条南北路，一路走下来，肯定到学校门口。

早上7点钟不到，学校门口零零星星有些家长送娃。搭着绿篷篷的电蹦子、电动车、昌河车，开轿车的也有。爷送娃的比较多，也有婆，年轻父母来得少。父母中妈妈来得多。

大多数人把娃放下转身就走，一句话也不说。偶尔也有家长会驻足看一半分钟，同样不说话。

有托管的老师来送娃了。一队一队的，踏着尘土。一名年轻的妈妈骑车送女儿，正好在他们前面不远处停下。

她戴着黑色皮手套，衣着时尚。她的女儿，烫着波浪卷，斜扎着头发。“多喝水啊。”妈妈轻声叮嘱。小姑娘从妈妈手里接过水壶，歪着头，笑着摆了摆手：“好呀！”

这是我那天早上在校门口见到的唯一一次亲密互动。

“你咋来这么早哩？谁送你来的？”

“我爸送的，我爸种瓜去了。”

三、四年级的英语老师彭延华，总能在学校里遇见最早到的孩子。因为每天6点钟晨起，她要跑步。

这位从乡里教到城里，又从城里来顶岗支教的女老师，无须过渡，便自然回归。

在她看来，现在农村小学的配置，比城里更好：教室、宿舍都安装了空调，每个班设一个饮水机。老师上课用一体机、白板，不用粉笔。学校还有专门的音乐教室，可以教钢琴。体育器材室设备充足，不像以前上课一班娃就围着一个篮球。

学校里每周都有音乐、体育、美术、写字这些课程，这也是一种美育过程。她说：“其实，我们各科老师都有美育的责任，不光是让娃见了人会问好。”

彭老师说，从课程设置、教学水平来看，小学阶段城乡差异不大。但相对于城里的老师来说，农村老师对孩子的感情付出要多得多。

面对越来越多的住校生，他们一方面要教授知识，另一方面要替代父母，弥补家庭的缺失。

去年冬天一个晚上，彭老师班上有个女娃到她房子来，手里拿了瓶“真果粒”。“老师，这是我攒的，给你。”娃一直攒到快放假了，把最好的东西送给老师。

作为老师，彭老师深知孩子们对家的那种需求，所以她到龙池支教，就把上小学三年级的儿子“小胖”也带了过来。“小胖”这会儿正在音乐教室里，手里拿着一把葫芦丝倾情演奏。

每周三下午5点30分，还有个人必然在这里，那就是“小胖”的班主任、八个班级的音乐老师宗世云。

我从小在农村长大，知道农村的孩子是啥样，农村的孩子到底需要什么。从他们身上，能看到我上学时候的影子。

我班上38个娃。一开学，我就去给他们买可擦笔，买本子。在晨光批发的，便宜。谁用完了，随时到我那儿拿。

冬天孩子的手会裂，会流血。我知道那种疼。买一些冻疮膏，叫娃把手在热水里泡。后来觉着手没有被冻的娃，也应该洗手，吃饭拿馍都要用手。我和二班班主任严鹏飞形成默契，轮换着在房子烧水。

晚上睡觉前一次，大课间一次，下午数学自习再烧一次，就够一天两次洗手了。之前给买的塑料盆，后来打了，干脆买成铁的。

宗老师说，农村的娃，懂事早，自理能力更强。刚开始住校，有不少孩子闹着回去，后来不回了，觉得回去是给父母添乱——他爸他妈一天干活累得，还得早上早早来送他。

“生活很现实，也能理解有些父母。”宗老师说，但有时候他真的很气愤。有家长连春节都不回来，他就给打电话：“你能挣多少钱？挣钱干啥？”“挣钱给娃花。”“你过年都陪不了娃，挣钱有啥用？”

宗老师所带的三年级一班，只有一个女娃、三个男娃没上托管班。

婷婷就是那个没有上托管的女娃，她也是宗老师的帮扶户。去年宗老师去家访，她爸爸说：“我这娃得你给咱看着，我看不住。”说这话的起因是，爸爸让婷婷喝感冒药，药片片都递到嘴跟前了，她却死活不搭理。

“农村的亲子关系，比起我们小的时候要疏远多了。父母对自己管孩子失去了信心，孩子对父母失去了信赖。”宗老师感慨。

晚自习后到熄灯前这段时间，宗老师走到哪里，婷婷就跟到哪里。

“你跟个尾巴似的，自己去玩会儿。”

“我饿了。”

“那去我房间拿点心吃吧。”

要熄灯了。住在学校里的孩子，一队一队从托管班归来。婷婷也跟在宗老师身后，往宿舍走。

“看天上，北斗七星！和我小时候见的一模一样。”宗老师说，他第一次认出北斗七星，是爸爸指给他的。而现在，孩子们的爸爸、妈妈离得太远了，他暂代一下。

“有时候我都在想，如果没有这几个托管班该咋办？感觉现在，学校、托管代替了家长，照顾、管理、教育孩子，而家长只负责赚钱。”宗老师说。

——这是当下农村合理的分工吗？我对此深感忧虑。

据宗老师说，在他班上，还有12个留守儿童、八九个父母离异的。这些“缺爸少妈”的孩子，“缺乏安全感，不得不学会成长。让孩子独立自主，不代表要过早地承受这些东西。”他说。

41

农村小学寄宿的前身是“月假”。

这种放假方式，在蒲城的那些私立学校还采用着——一月放一次假，一次休八天，其他时间封闭教学，吃住在学校。用私立学校老师的话来说，这既让孩子得到休息，又能保证严谨的学风、校风。

但是，这也意味着孩子们每月有22天见不到父母。

重泉村出纳玉潮家的大孙子虎子，是从小放着“月假”长大的。

当年为了要个儿子，玉潮连要了四个女：孙亚莉，孙亚敏，孙存娣，孙俊莉。最后因为超生连工作都没了，也没能如愿。

他索性给老大招了个上门女婿，生下虎子，心疼得不得了，几乎是手把手带大。为了能让虎子成才，小小的，玉潮一家狠下心，把娃送到县城念书，一直到高中毕业。

虎子也争气，从小到大没离开过重点班。村里人都弄不懂，这么灵的娃最后咋没上大学？最后只归结了一点：打游戏把娃害了。

最近这段时间，虎子一直在家，说是要考驾照。但我去了几回，都没能见到他。有一次下午2点去，玉潮笑着给我说："天天晚上玩手机哩，早上到这阵还没睡起来，不敢叫。"

玉潮口中，那个西安铁一中初中部曾带着对联、鞭炮来"请"的孙子，到底是个啥样？这激起了我极大的好奇。终于在一个下午，约莫五六点钟，我见到了刚睡醒的虎子。

我屋里人都能干，除了我。我知道，在村上名声一点不好，推过我爷，打过我爸，很后悔，哭。但身体反应出来的，很真实。

其实我小时候乖得很。小学三年级，做饭、洗衣服都是自己。刚进封闭学校也哭哩，想爸妈爷爷奶奶。我屋里人是你不叫就不来。后来就不了，只要有吃的就高兴，让父母跑还觉得把他们麻烦得。

小学过得开心很。老师的要求是，只要你考试好，可以不写作业。学习好的活动课都在外面玩呢，成绩差的晚上拿矿灯抄单词。

我在火箭班，一个班50个娃，有20个被铁一中（初中部）录取。当时我还不知道咋回事，回到村里，人都看着我笑哩，我爷才给我说。

但我妈说，三年学费3万块，还要陪读，屋里没钱，不上。从那儿起心里一直有些怨。在这之前，学习很好，之后状态变了。我班上20个娃就去了一个，后来考上了一本。

上初二到网吧去，我爸第一次打我。当时震惊很，没想到。后来就不好好念了，感觉学习很简单，没有很强的挑战欲望。高考没往好里考，要是正儿八经答的话，最起码能上个二本。我提起上学就头疼。

“现在回想一下，还是要和父母在一起。私立学校的老师都是逼你学哩，单一的教育！”

“你想，一个月一个月见不到父母，一个月回来，有啥心里话，西瓜都变成西瓜水了。”虎子说。

和虎子聊天的过程中，他不断打哈欠，没睡醒。

送我出来的时候，他突然问了一句：“我能入党不？”我很惊诧：“你为啥想入党？”“我爷他们都说，入党的人先进。”昏暗的灯光下，这个20岁出头的小伙子，笑得很纯真、很烂漫。

前不久，听玉潮说，虎子走了，到南方当保安去了。

42

一大早起来，佩佩去街口买包子。

她前脚刚一跨进包子铺，老板娘顾不得两只面手，跑过来拉着就问：“佩佩，我娃这次数学考了98，你咋不让我娃考100？”

佩佩苦笑了一下，摊着两只手说：“好我嫂子哩，不是我不让你娃考100分……家长要正视娃的学习成绩哩，不能说只有考100才行，你要看娃是不是进步了。”

老板娘翻了个白眼，显然并不买账，和老板嘀咕着。

佩佩从顶头掐开一点包子皮，往里头灌上辣子水水。今早的辣子水水，油煎得刚刚到，芝麻放得足，泼出来香得人流口水。关中地区和南方不一样，包子个大，菜多，这一勺辣子，最是提味。

“买了这么多年包子，都不说送两个。”佩佩不管生熟人，都爱说笑。

“下次要是考100，请吃10个包子！”老板甩了一下他脖子上已经不白了的白毛巾，吆喝一声。“吓”得佩佩下了门口的台阶就跑。

佩佩是龙池中心校门口一家托管中心的负责人。

说是负责人，其实跟个“大家长”差不多。她有七名员工，分别是：她老公，她亲妈，她妹妹，她老公的妹妹，另外还雇了三个人。其中一个，是重泉村的媳妇，姓孙，有幼师资格证。

先说说佩佩。这个屈家村的女子，前几年嫁给了康家村的小伙王化宁，俩是大学同学。佩佩长得喜庆，能说会道，一个人能把一家子的话说完。

之前，她在西安的一家专卖店卖过成衣，在《百家碎戏》里演过麻迷媳妇，还在龙池镇幼儿园当过外聘老师。

为啥想起开这个托管呢？就是她在幼儿园工作的时候，有家长说，如果她开，就把娃送来。刚好她也找下了合适的房子，就这样办了起来。

她这里，不寄宿只补课的，一学期800块钱，寄宿的再加500，“三好学生”给娃减50。

佩佩说，没干之前，真不知道托管这么累人。12点前几乎没睡过觉，半夜起来好几次给娃盖被子，有的娃尿床，还得操心着叫。早上5点多，她老公的闹钟就响了，他要起来烧水。

把娃送到学校，一会会儿，老师发微信，你托管的娃没有拿杯子、没有拿药、没有带书……一早上她把学校都能踏平。

佩佩说：

我们的角色，是老师，是保姆，也是家长。绝不是单纯地只给娃辅导个作业，还要随时关注娃的行为品德、心理变化。

有一年级的娃，学地撒谎哩。我妈当过民办教师有经验，她私底下给娃说，我们是“诚实佩佩托管”，首先要学会诚实，作业做了就做了，没做就没做。娃后来改正了。

三年级有个女娃，当了班长以后，批评她的小伙伴。她的小伙伴受不了，哭。我给她讲，你看佩佩老师，当上“领导”以后也膨胀过，但是后来我就意识到我不对。

还有小学生“谈恋爱”。去年冬天，我发现四年级有两个女娃，老到另一个托管等两个男娃。我就拿自己做例子。

“我初中谈恋爱，成绩从前十名滑下来，后来也没考上好大学。你看，我现在的老公也不是当时的那个人，我就觉得划不来很。”

不管啥事，都能反映到学习成绩上来。但是家长不理解，觉得我给你交钱了，你就应该负责我娃。娃成绩有一点点下滑，就要质问我，是不是没好好抓，弄得我压力大很。

家长对学校老师，比较恭敬客气；对托管老师，有些就颐指气使。态度完全不一样。

在学校面前，我们是家长。在家长面前，又是老师。唉，难干。

43

在龙池镇中心小学门口，总共有四家托管。分别是：杨雪珍托管、爱心托管、孟老师托管，还有佩佩的托管班。

无一例外，这四家都是采用以家庭成员为核心的经营模式。以一名有教学经验的成员为主，夫妻、母女、父女、姐妹，一起上阵，互相协助。各家都有各家的生存之道，也有各自的“绝活”。

这样的架构，颇有点城市里“合伙”的味道。但是“生”于这片土壤，和集镇上其他行业的小个体户一样，它们仍姓“乡村”。处理矛盾的方式、思考问题的角度，都自带乡村气质：“情”大于天。

好处是，成员之间信任程度更高，分工虽不特别明确，但自己家的事谁也不会太斤斤计较。经济上根据情况，有的事先言明，有的只做大概约定。

论起来，从今年看，杨雪珍和佩佩的托管更好些，收的娃娃多。

杨雪珍，在龙池龙阳一带，名气相当大。听杨雪珍丈夫讲，她是这一片最早做托管的。

前些年，杨雪珍在龙阳镇的学校当民办教师。那时候就有人嫌村里离学校远，把娃放到她屋里，一边吃住，一边补课。后来裁民办教师，她就想，干脆办个托管，专门弄这，收入还高。

和佩佩的托管一样，这里的宿舍也在二楼。一条长长的楼梯上去，拐角摆了一张简易床，正好挡在楼梯口前。杨雪珍的丈夫解释说："杨老师怕娃晚上睡迷糊了，从楼梯上掉下去。我劝过她，冬天太冷，她说习惯了。"

我匆匆见了杨雪珍一面。清清瘦瘦，烫过的头发高高束起，脸上有几颗痣。

走访几家托管，我发现，他们之间的关系很是微妙。各自在对方那里，几乎都是禁忌的话题。下午放学接娃，在门口列队，托管的老师之间也很少搭话。

我想，这可能与佩佩无意中提过的"转托"有关系。有些家长，会因为学习成绩等多种原因，将孩子由一家托管转入另一家。而盘子只有那么大，必然造成你多我少。

竞争之下，形成这种局面，也无须大惊小怪。只是在乡村，人们少有掩饰，好恶都在脸上。

但无论他们之间关系如何，对待自己托管班的孩子，大都尽心尽力。听重泉村的慧子曾经说过，女儿悦悦在托管班，老师每天晚上都给她发娃的视频，她很放心。

44

最初注意到小果，是在六年级的一节语文课上。

老师讲授的是一篇关于居里夫人的文章。这个男孩上课前应该是做了充分准备的，每个课后题他都密密麻麻抄写了答案。同时，他把一本参考答案书摆在课本旁边，确保万无一失。

好几次提问，我看他都鼓起勇气举手了，但是老师似乎没有注意到他。每当老师叫出其他同学的名字，他就立刻顺势把手放在头上，装作挠头的样子。

那会儿我还不知道他是重泉的娃。只知道他成绩并不好，父母在西安打工，算是留守儿童。但他的穿着明显要好于周围的同学，戴个眼镜，斯斯文文。这些信息，让他在我这儿成了个谜。

直到有天下午，我在村里转，他远远看到我，兴奋地奔跑过来，一边用手指他家的房子，一边大声给我说："那就是我家，这两天我妈回来了！"

小果的妈妈，是一个很漂亮的年轻媳妇，穿着一条黄色的花布裙子，一点不像村里种瓜的妇女。但当说要给孩子听写单词的时候，她很不好意思地说："我没念过几天书，给他报不了。"

我是甘肃人，跟他爸是打工时候认识的。前几年也在屋种过瓜，赔了。他爸就买了个车，在西安给工地上拉混凝土。我在饭店里干活，瓜下来摆个摊摊卖瓜。

挣了些钱，都贴到这房上了。我那时候说在县城买，他奶不愿意，到处给人宣扬他儿子要盖房呀，不盖都不行。现在娃都13了，还得赶紧给他攒房钱。

对娃，我们也用心得很。小小的，我把他送到县上。但适应不了，我娃3岁就不尿床了，最后在封闭学校，一直尿到9岁。

还有，在巷里，之前过来过去都知道叫人。在封闭学校，突然一个月回来不知道叫人了。

我说这样不行，一个月回来一回，都不知道学到哪儿去了。有心接到西安去，消费高，学校难进。娃他爸表哥的娃，从幼儿园就在西安上。就这升个初中，他表哥都能脱几层皮。所以我跟他爸商量，还是叫娃在咱这儿念。

我们把他送到五更，又送到铃铒，现在可转到龙池，也没少折腾。他以前学习挺好的，不知道现在咋了，成绩差得。我觉得他是不好好记，懒得很。

我想跟学校商量，不行让娃留一级。

小果在旁边听着，好几次想反驳他妈，但都没说出口。当我离开他家的时候，他悄悄问我："你过几天有时间吗？"

这是我们俩的对话：

问：你有心里话给爸爸妈妈说吗？

答：没空。

问：你觉得自己算留守儿童吗？

答：有时算，有时不算，我爸妈回来就不算。

问：你能告诉我，你心里到底有什么结打不开？

答：……（一长串的哭泣）

就是我在钤铒小学的时候，那个老师特别严厉。我们没写完作业的，要在老师房门口写，写到11点多。晚上整个楼都是感应灯，灯不亮了就要跺一下脚或者咳嗽一声。她不让咳嗽。

有些娃没写完作业就逃避了，不去老师房门口，直接洗脚睡觉。我一直没有逃避过，就最后有一次……

问：这件事给你留下阴影了是吗？那有没有告诉过父母？

答：没告诉……我到现在都恨她！拿戒尺打手，手不出来就打腿……

我不知道，我要说些什么，才能安慰我身旁这个哭泣的孩子，只好又是许久沉默。

45

我并没有刻意地关注这样一个群体——离异家庭儿童。

这一群体，实际上十分庞大。以蒲城县为例，2016年至2018年，县域内办理离婚登记的对数为6390，呈递增趋势。而近三年来，蒲城县法院收到的离婚案件数量为3936，结案3542件。

我做了大量的个体比对后发现，这些在非健全家庭里成长的孩子，相对于其他儿童，得到的关爱更少。因此，在群体中表现出来的就是：这些儿童更为敏感、内向、占有欲强、懂得察言观色，更渴望得到别人的关注和肯定。个人卫生更差。

虽然越低年龄阶段的孩子，父母离异带来的影响，投射在他们身上的阴影看上去更不明显，但这些负面情绪就像毒素，一点点在心里积淀。如果不加以正确引导，或早或晚、或多或少总要爆发。凡此种种，都体现在学业成绩、人格塑造等成长过程中的方方面面。

小野是我在他们中遇到的第一个。那会儿我正在佩佩的托管班里和五年级的小朋友聊梦想。

有的小朋友说，长大了想做潜水员，有的说想开宇宙飞船，有的说想做狙击手，有的说想当舞蹈家。那个爱吹葫芦丝的小姑娘孙佳莹，她的梦想是当个医生。

小野坐在一群同学里，毫不起眼。但他旁边，爱寻人掰手腕的红红，硬是把他推了起来。

“我想当一名环卫工人，让世界变得更干净。”小野低着头，轻声说。

我瞬间愣了一下，然后由衷地赞叹：“特别棒的梦想！”掌声在小朋友间响起。

小野扭过头去。我以为他想遮掩一下害羞的红脸蛋，却不承想，他一秒钟从书包里掏出一张揉皱了的奖状。

“我随时准备着哩。”他兴冲冲地把奖状塞到我手里。我看得很清楚，他的眼睛里，充满的是渴望。

“哇，学校评的劳动之星，你真厉害！”掌声再一次响起，小野收好奖状，咯咯地冲我笑了。

佩佩使劲拉了我一把，趴在我耳朵边上说：“娃从小没妈，学习倒数第一，他觉得自己烂泥扶不上墙。只有在你这生人面前，他才敢展示自己哩。这真的是第一回，太不容易了。旁边，红红，也没妈。”

我们俩对看了一眼，我见佩佩把眼泪憋了回去。

龙池镇中心小学一年级一班，骆艺老师的课堂。

“嗖，用魔法棒变一下。”骆艺很擅长调动课堂气氛。“棒棒棒，你最棒！”几乎每次，倒数第二排的森森都是喊叫声最大的。

显然，他很喜欢语文课堂。“骆老师，蜘蛛有很多种。”“蚯蚓是帮助我们松土的。”“青蛙帮农民伯伯抓害虫。”

从上课开始，森森的嘴就没停过。虽然有时候也会答错，但一点儿没影响他的“士气”。后半节课，他沉浸在加一加、减一减、换偏旁、变新字，下课铃都响了，他还有点难以自拔。

我笑着问骆艺：这孩子一直这么活跃吗？骆艺的回

答让我诧异：自从上次他妈妈来看过他之后。

有一天做课间操，森森突然拉着骆艺，神情坦然地说："骆老师，村里的小朋友都说我没有妈妈，但是我有妈妈。"

不久前，他妈真的回来了。他逢人便说："原来我也有妈妈呀，原来我也有妈妈呀。"

各科的代课老师都发现，这娃变了。之前上课喜欢做的小动作不做了，背古诗速度明显更快了，老挂着的那两串鼻涕，也看不到了。

但上学期，森森经常是好一阵，孬一阵。叫早读，就说"想我妈了"，魂不守舍。有时候还逃课。骆艺给他奶奶打电话，老人就哭着说，娃没妈，可怜。骆艺说，后来老人一接到她的电话就条件反射："这可咋了？可出啥事了？"

其实，森森奶奶是个通情达理的人，经常给娃说："不管咋，那些都是大人的事，你想你妈了，就去看。我送你去外婆家。"

老师们都说，森森是一个很有仪式感的孩子，讲究起来很讲究。见了人，经常会毕恭毕敬地站在那里，端端正正地鞠个躬，问声好。这是老人教导的功劳。

被打得半翻的巢，幸好还有一只翅膀，在竭力护着幼崽。

夜晚的托管中心。

9点来钟，小家伙们都各自洗脚上床。当我抱着被子爬上架子床的时候，被窝里，有几个小脑袋好奇地探了出来。我装作没看见，一动不动地躺着，直到均匀的呼吸声从房间的各个角落响起。

夜越来越深了，不时有汽车从窗外驶过。街对面，零零星星几个吃烧烤的，喝多了酒，在大喊大叫。

突然，房间里响起一阵哭声。从下铺传来的，是萱萱。我以为她醒了，正准备起来看看，哭声停止了，传来一阵磨牙声。

接下来的整个夜里，我大约听到萱萱说了七八句梦话。梦话说完就是磨牙。

梦话的内容我没能记住，但是语气中传达出来的恐惧和愤怒、挣扎与无助，令人印象深刻。

不出所料，萱萱的父母也离异了。

爸爸再次成家，但萱萱显然无法接受。她在梦里表达出的抗拒，应该来自这场家庭变故。

而白天，萱萱表现出的状态与晚上完全相反。她大方、自尊，从来不吝啬自己的零食，总是慷慨地分给宿舍的同学。但是当小伙伴邀请她一起去找其他小朋友讨零食的时候，她常常默默走开。

“父母离异的，学校做得再好，娃还是觉得跟人不一样。”这句话，先后从很多个老师嘴里听到过，让人心酸、气馁。

课间，花园里，松树下，孩子们像一个个小金豆子一样，尽情反射着太阳的光芒，让风把欢乐传向远方。

但就是在这一片欢乐声中，冷不丁总会冒出“他妈跟人跑了”“我爸爸跟我妈把离婚证撕了”这样并不和谐的音符。

五年级的浩宇，父母没有离婚前，“优秀学生”的照片就在学校门口贴着。

他爸妈离婚以后，娃放在他舅家，由外婆外爷照管。每次他外爷送娃来补课，都是骂骂咧咧的：“你把人能瞀乱死！”

“我看娃寄人篱下，挺可怜的，后来让孙老师每次来把娃拉上。”佩佩说。浩宇外爷家是重泉的，和孙老师一个村。

大多时候，浩宇星期天也在托管，三顿饭，佩佩吃啥他吃啥。但这娃后来让佩佩挺伤心的。“老师，你给我3块钱，我买个鸡蛋汉堡。”要钱理直气壮，没有一点感恩。

今年，他不报托管了。听学校说，现在每一门都不及格。

佩佩说的这个孩子，我仿佛在村里听谁提起过：他外婆外爷怂恿女子离婚哩。女婿是招下的，欺负人家娃。嫌女婿没本事，老想让他女子再嫁个有钱的。他女子一天也在外面胡整哩。

“多嫌这个娃。浩宇跟他妹子，还有他舅的娃，三个都写作业。那两个在空调房子，这个趴在外面，叫蚊子咬得不像啥。”

后来我在村委会见过浩宇。因为不按时完成作业，学校勒令他停课反省一周。

他坐在沙发上，像一只小猫蜷缩着，不自然地左手搓右手，也不太说话，但脸上没有一丝担心害怕的神情。

第一书记李鹏没当浩宇的面给学校打电话。只是苦口婆心地劝解了他一番之后，让他家里人试着送他回学校。

“多亏你这个叔叔，要不然学校就不要你。你这下要好好表现哩，再叫你回来谁都没办法了。”浩宇的外婆，没有人想象的那么凶。看得出来，她也真心为娃着急。

浩宇偶尔点点头，既没有对回学校表现出欣喜，也没有难过。

离开重泉村后，我心里最惦记的还是这些被托管的孩子。伴随着乡村脱贫的步伐加快，一些留守儿童的教育和抚养需要全社会给予更多的关注和重视，毕竟孩子们才是我们的未来，无论是城市，还是乡村。

（为保护儿童权益，文中儿童为化名。）

后记

1

芒种将至。傍晚，不知从哪儿拢过来一坨云，雨淅淅沥沥飘洒下来。

我跟满仓书记在办公室谝闲传，突然闻见一股子土腥味。再一看，三明哥和李鹏都不见了。

“这俩怂灵得太太，知道下雨房子里闷热，跑出去凉快了。也不叫咱，不够意思。”说着，满仓书记就拉我往出走。

李鹏在窗户外边，肯定听到了我们说他，笑嘻嘻进去端板凳。三明哥本来站在院子里，一听人都跑出来了，也去帮忙挪凳子。

雨不大，毛毛的，没完全淋湿地皮。我和满仓书记、李鹏坐在沿台上，三明哥坐下边，和我们对面。

“你看，都是因为你，三明哥现在抽烟都要偷偷跑出来。刚才我不是不够意思啊，是出来陪他哩。”要不是李鹏喊叫，我真没注意到三明哥耳朵上又夹了根烟。

前段时间，我确实无意中抱怨过一句：“我体内尼古丁超标了，都是二手烟吸的。”但我万万没想到，三明哥心那么细，把我的话那么当事。

可能就是从那个时候起，他再没当我面抽过一根烟。有一次我看见别人给他发烟，他接过之后瞅了我一眼，直接挂耳朵后边了。当时我没看懂，这会儿回想起来，不由得眼圈红了又红。

2

明天是我在重泉蹲点的第78天，也是最后一天。今儿个下午在一搭里坐，爱玲姨却拉着我的手说：“感觉你昨儿个才来，咋明儿个就要走了？”

“就是的。本来天气预报就没雨，因为你要走，所以故意下的。要不然你再留一段时间，看着咱产业园起来，你也才放心么……唉，大家都舍不得你走。”

李鹏说的时候，我就假装看星星，但天阴着，肯定是啥也看不着。就是不阴，我的眼睛也模模糊糊的。

三明哥叹了口气。满仓书记也叹了口气，说：“京京（村里人对我的昵称）还有她的事哩。咱的事是抓乡村振兴，她的事是写乡村振兴。”

记得我刚来那会儿，好多人撵着问我：“为啥要在我重泉调研哩？”我先是说：“因为我老家是蒲城的，对这里的风土人情更熟悉。”那些叔呀姨呀非得打破砂锅问到底：“蒲城那么多村，咋选下重泉？”

我就说：“重泉是蒲城的老县城，有悠久的历史。而且现在村上的集体产业发展得好。”这当然是原因。但我选重泉，最根本的原因是：普通，非典型。

当初接到社里的任务，领导给我说过这么一段话：即使到现在，一般城市人的眼中，农村还是20世纪七八十年代的模样。但实际上，农村的产业在升级，农民也在升级。

我们就是要把这种变化写给全国人民看。在新中国成立70周年的时候，去原原本本记录这些变化，让它去感染人，打动人，给人以信心。

我想说，这些，我在重泉都看到了。在这里，我看到乡村经过若干年的沉淀，自身已经在酝酿着一场生机勃勃的变革；在这里，我看到新农民身上闪耀着各种时尚因子，见证他们为生活而燃烧的火热激情。

他们像破土而出的蝉蛹，努力爬向那棵高高的大树。一路上，他们的翅膀不断充血，慢慢舒展，变得越来越有力量。也许明天，他们就将一飞冲天，嘶鸣长空。

而重泉，仅仅是中国北方一个普通得不能再普通的村庄。我们敢这么选，是因为自信，对大国崛起的自信，对乡村的自信。

可能我出了好久的神。满仓书记估摸我是犯困了，就说赶快去休息，明早还得赶车哩。

3

今晚我照旧住三明哥家。以前我都是和小利姐挤在一个炕上，晚上卧谈到半夜。这星期她感冒了，怕传染给我，就把琦琦的新房拾掇出来给我住。

进门之前，我和莎莎打了个招呼。莎莎是三明哥养的大狼狗，平时歪得很。据说邻家老给它喂骨头吃，每次进家里还是咬。我在这儿住得久了，突然有一天，它见我不咬了。小利姐说，莎莎灵得很，知道这是自己人。

一回去，小利姐又做好饭在等我们。四个菜，一碟馍，三碗稀饭。我自己都数不清，总共在这个小厨房吃了多少顿饭。葱花鸡蛋、麻辣豆腐、瓜蛋蛋菜……有时候早起，她让雇的那俩妇女先去地里，她一定要招呼我吃完饭才走。

最近，琦琦回来给他丈母娘家送节礼，给三明哥和小利姐带了些虾和带鱼。那天早上我一起来，小利姐就说："你哥4点都起来把虾给你剥好了。"连李鹏也说，跟着我沾了好多光。

龙池传下来的老风俗是，农历四月底五月初，出嫁的女子给娘家看麦熟。意思是，表示对娘家农事的关心和慰问。

过不长时间，娘家要给女子送端午。看女子床上有没有凉席，老早里还要提前织床单、纳被子、缝褥子。尤其是结婚头一年新媳妇的娘家，还要给巷里人家家送粽子和杏，这是礼节。

明天琦琦他媳妇的娘家就是要来送端午，今儿个三明哥抽空专门理了个发。"要不然你姐可糟蹋哥哩，说我不刮胡子，害怕亲家分不清这是娃他爸还是娃他爷。”我笑得差点喷了饭。

4

“京京，你真个走呀？明天就走？”小利姐问我。我笑着点头，确认这是真的。

小利姐在我肩膀上使劲拍了一下，说：“姐今儿个给你说个交心的话，不怕你生气。你第一回到我屋里来的时候，我就不想理识你。啥干部、记者的，跟我老百姓有啥关系？但这么长时间，姐也看着哩……啥都不说，你只记住一句话，姐把你认下。”

说完，她转身进房子去了。小利姐的炕头，支着两个大黄木头箱子。外头的皮都变颜色了，我估计是她的嫁妆。她把箱子盖揭开，从里头拿出来一卷麻布。

这东西我再熟悉不过了。小时候成天见我奶奶在纺线机子上纺啊纺啊，完了又在织布机子上不停左右撂梭子。织成的布，裁成一块一块的，也是装在这样的箱子里。然后等我姑她们来的时候，取几片。

如今在农村，很多人都用吸水布这些代替麻布，在灶台上使用。家里的老织布机子也几乎看不到了。

“你走呀，姐没啥送你，把这一卷麻布给你拿上。那些年存下的，估计到你们这一代都不会用织布机子了，怕没啥用。但现在社会发展哩，啥都能用机器造，这就当留个念想，我一下一下织的。”

我抱着那卷麻布，搂着小利姐，让三明哥给我俩合张影。结果被他拍花了。

5

春分来，芒种走。太阳从黄经零度到达黄经七十五度，我在重泉度过六个节气，整整一个瓜季。要说不眷恋，那是假的。

满仓书记说，派俩技术好的，开车把我送回西安去。我却坚持要自己背着包走。他拗不过我，只好让德明哥驾车，李鹏押车，把我安全送到大荔高铁站。

都看着我进站了，李鹏又急急火火打来电话：“前两天贫困户送的那几个瓜咋忘了给你了。老汉说了，别看有点硬疤疤，吃起来可绝对甜。你等在那儿，我给你送来。”

他本来就胖，再一急，一跑，到跟前都喘开了。我扛个大包，抱着俩五六斤重的黄皮皮瓜，站在高铁站的人群里，有点哭笑不得。

车速度起来了，一路向西奔去。我离我的重泉越来越远了，但也越来越近。

那天，三明哥还给我说："京京，以后我们就是馍笼子亲戚了。"我问他："啥是馍笼子亲戚？"他说："就是逢年过节第一个想起来的人。"

又 记

因为突发新冠肺炎疫情，《我们的村》的出版不得不有所延后。这样，我就有了机会多说几句话。

自驻村归来，我时时与满仓、李鹏、三明通电话，得以了解村上最新动态。让我欣喜的是，文中所提新虎、"博士"等人，通过政府帮扶与自身努力，已脱贫摘帽。仅留的兜底扶贫户孙明洋和谢金友，一个被纳入五保户，一个边享受兜底帮扶政策边从事力所能及的劳动，年收入已越过贫困线。如今政策这么好，我对他们今后的日子有信心。

经过这几年艰苦卓绝的脱贫攻坚战，产业扶持、教育帮困、医疗救助、兜底保障，重泉村整村脱贫是水到渠成的。可以说春风化雨，春暖花开。

我听说，在这次抗疫中，新虎、金友等人特意给村上送来捐款，表达自己对党组织的感念与支持。此举令我好感动。

我们的村，前景一片光明。在各级党委、政府的帮扶下，产业发展、人心凝聚，已释放出从未有过的活力，并显现出厚积薄发的实力，再加上向心力，明天比今天会更美好！

书稿付梓在即，在此特别鸣谢陕西省农业农村厅、蒲城县委县政府、龙池镇党委政府对驻村调研的大力支持；感谢陕西人民出版社编辑老师的辛勤付出；感谢当代陕西杂志社全社同仁的关怀与鼓励。

特别感谢重泉村的父老乡亲们，我的祝福全在这本书里。

左　京

2020年3月